Depuis cette
première conquête, l'histoire du mont Blanc
a été de défis en défis.
Défis toujours plus vertigineux,
toujours plus insolents. Aujourd'hui,
les alpinistes «jouent» avec la montagne.
Un jeu qui peut être mortel,
mais qui est toujours prodigieux.

Ciel sans nuages, 30 juin 1982. 13 heures. Christophe Profit, 21 ans, entreprend une ascension qui va marquer l'histoire de l'alpinisme : la face ouest des Drus, 1 100 mètres de paroi verticale en solo et en libre, soit sans crampons, sans corde d'assurage et sans étriers.
16 h 10, Christophe est au sommet. Trois heures dix de montée, une vitesse moyenne de 300 m/h. Une grande première, un exploit spectaculaire.

16 heures 10
Sommet 3 733 mètres
Sortie face nord

15 heures 40
Verrou

15 heures 20
Dièdre de 90 mètres

15 heures
Bloc coincé

13 heures

Yves Ballu est né le 4 février 1943. Ingénieur, docteur ès sciences, il a été au Commissariat à l'énergie atomique un spécialiste réputé en spectroscopie électronique. Parallèlement, sa passion pour l'alpinisme lui a fait découvrir la haute montagne, gravir les voies les plus difficiles des Alpes et rassembler une documentation exceptionnelle sur l'alpinisme. Il est actuellement conseiller-Montagne au ministère de la Jeunesse et des Sports.
Pour Etienne et Jeanne Promis, on ira...

Responsable de la rédaction
Paule du Bouchet
Maquette Raymond Stoffel
Iconographie Anne Lemaire
Lecture - correction
Dominique Froelich,
Odile Gandon,
Marianne Bonneau

Coordination
Elizabeth de Farcy

Tous droits de traduction et d'adaptation réservés pour tous pays
© *Gallimard 1986*

Dépôt légal: mars 1987
Numéro d'édition: 40141
1er dépôt légal: octobre 1986
ISBN 2-07-053017-5
Imprimé en Italie

Composition Sophotyp, Paris ; Tygra, Paris
Photogravure Fotocrom, Udine
Impression Editoriale Libraria, Trieste
Reliure Zanardi, Padoue

A LA CONQUÊTE DU MONT-BLANC

Yves Ballu

DÉCOUVERTES GALLIMARD
AVENTURES

La journée touche à sa fin, une belle journée de juin, et, dehors, les derniers rayons du soleil – les plus rouges – se perdent derrière l'horizon : les pâturages, les forêts et même les montagnes commencent à se fondre dans la nuit ; seule émerge une pointe arrondie, plus haute que les autres, qui brille comme un phare au-dessus du «royaume de Savoye»…

CHAPITRE PREMIER
LE MONT BLANC EN REDINGOTE

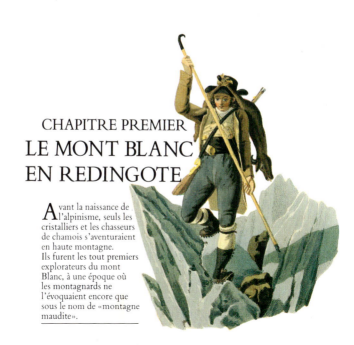

Avant la naissance de l'alpinisme, seuls les cristalliers et les chasseurs de chamois s'aventuraient en haute montagne.
Ils furent les tout premiers explorateurs du mont Blanc, à une époque où les montagnards ne l'évoquaient encore que sous le nom de «montagne maudite».

Nous sommes en 1741, dans le salon d'une maison de
Genève où sont rassemblés quelques amis : des Genevois,
gens calmes et prudents, et des Anglais, plutôt intrépides
et bavards. On reconnaît facilement les premiers à leur
élocution presque nonchalante ; quant aux seconds, ils
s'évertuent courageusement à parler français :
- Vous avez visité l'Égypte, n'avez-vous pas, Richard ?
- Oui, vraiment, William, j'ai voyagé dans l'Égypte,
dans la Turquie, dans l'Arabie et dans toutes ces sortes de
choses.

Richard Pococke, l'explorateur, ne se fait pas prier
pour raconter ses aventures ; adossé au chambranle de la
fenêtre, il explique à ses amis comment, au péril de sa vie,
il a mené à bien ce long voyage au «pays du Levant».

Richard Pococke, «l'inventeur» anglais de la vallée de Chamonix.

Au fond du ciel, les «glacières de Savoye» brillent comme des diamants

Ses interlocuteurs se sont rapprochés, mais ils ne peuvent
s'empêcher, tout en l'écoutant, d'admirer le coucher du
soleil.
- Quelles sont ces choses luisantes au fond du ciel ; elles
sont étranges, ne sont-elles pas ?
- Ce sont les glacières de Savoye ; vous autres, Anglais,
vous n'avez pas de montagnes chez vous ?
- *What about* le glacière de Savoye ?
- Les glacières de Savoye sont des amas de glace, de neige
et de rochers d'une très grande élévation. On dit qu'elles
sont habitées par des dragons et personne encore n'est
parvenu à les explorer. La plus haute, celle que vous voyez
briller, s'appelle la «maudite montagne»...
- *Fantastic !* Nous allons visiter la montagne Maudite !
- Vous n'y pensez pas !
- *Why not ?*
- Il y a grand danger : le froid, les avalanches et les
habitants eux-mêmes...
- Laissez-nous aller... Prenons le nourriture et les armes
et visitons la maudite montagne ! N'est-il pas, Richard ?
- Oui, assurément, William.

Personne, avant William Windham et Richard
Pococke, n'a envisagé de visiter la vallée de Chamonix
comme on explore la lointaine Amérique, c'est-à-dire avec
une expédition armée, prête à affronter les pires dangers, y
compris la «sauvagerie» des habitants du lieu !

Au terme d'un voyage de trois jours, la caravane

composée de huit «voyageurs» et de cinq «domestiques» armés jusqu'aux dents procède au déchargement du matériel et à l'installation d'une véritable hôtellerie ambulante au milieu d'une prairie située au «prieuré de Chamouny», sur la rive gauche de l'Arve. Dans le même temps se constitue un attroupement sur la rive opposée : surpris et inquiets, les habitants de Chamonix observent. Allons-nous assister à une sorte de «règlement de comptes à O.K. Corall»? Le prieur du couvent traverse l'Arve et vient parlementer...

Finalement, les Anglais constatent que les Chamoniards ne sont pas des sauvages sanguinaires, et les Chamoniards comprennent que ces étrangers bavards et excentriques ne sont pas méchants. Les armes sont rengainées, les deux groupes se rapprochent et font connaissance...

Le village de Chamonix n'était, au milieu du XVIIIe siècle, qu'un modeste hameau. La mode du mont Blanc et de l'alpinisme va bouleverser la tranquillité paisible de ses habitants, agriculteurs pour la plupart, leur ouvrant des perspectives de prospérité dont ils sont loin de soupçonner l'importance.

Au sommet du Montenvers, une véritable féerie de neige et de glace

Dès le lendemain, une excursion est organisée au Montenvers, c'est-à-dire à l'extrémité ouest de la longue muraille rocheuse qui, depuis l'aiguille du Midi jusqu'à l'aiguille de la République, ferme l'horizon au sud de Chamonix.

Il est bien entendu que tout le monde marchera en file indienne, que personne ne cherchera à dépasser les autres ; que lorsque quelqu'un se sentira fatigué, la caravane s'arrêtera et que l'on emportera à boire et à manger.

Pourtant, le Montenvers n'est pas une vraie montagne, tant s'en faut ! On y accède par un chemin muletier (jusqu'à l'inauguration du chemin de fer en 1908, ce sont les mulets qui se chargeront de convoyer les touristes), mais c'est un remarquable belvédère offrant un panorama unique au monde. Au nord, la Flégère et son index pointé vers le ciel au milieu des aiguilles Rouges ; en bas, la vallée de Chamonix ; à l'ouest, le massif de l'aiguille Verte sous-tendu par les Drus, dont l'éperon sud-est tranche avec autorité entre l'ombre et la lumière ; au fond, vers le nord, la muraille des Grandes Jorasses, lointaine et impénétrable ; et, tout autour, l'interminable glacier qui, depuis la vallée Blanche, déverse jusqu'à la source de l'Arveyron ses énormes blocs de séracs.

Windham, Pococke et leurs amis ne trouvent plus d'épithètes – ni en français ni même en anglais – pour décrire cette féerie de neige et de glace, ce glacier immense et tourmenté qui ressemble à une sorte de fleuve bouillonnant, ou plutôt à un océan déchaîné dont les flots se seraient brusquement immobilisés, gelés. Sous le coup de l'émotion, les Anglais se taisent pendant quelques instants, puis le naturel reprend ses droits et ils parlent de nouveau :
– *Fantastic !... It looks like... How do you say ?* Un mer de glace ?
– Une mer de glace.
– *Yes !* Une mer de glace...

L'image restera et la mer de Glace jouira d'une célébrité définitive : des millions d'admirateurs continueront après Windham et Pococke à s'extasier devant cet inusable panorama. Deux siècles et demi plus tard, des centaines de milliers de touristes accourus du

William Windham, chef de la fameuse expédition anglaise de 1741, qui visita pour la première fois la mer de Glace.

UN PAYSAGE ÉBLOUISSANT 17

monde entier se pressent encore chaque année dans les wagons rouges du chemin de fer du Montenvers pour effectuer le pèlerinage à la mer de Glace.

Caprice ou passion ? Le «voyage aux glacières» devient à la mode

Et le mont Blanc ? Pour lui, l'heure de gloire n'a pas encore sonné, car les Anglais se sont contentés des 1910 mètres du Montenvers. D'ailleurs, le mont Blanc n'existe pas encore... ou, plus exactement, on l'appelle toujours la montagne Maudite, autant dire que l'idée même d'en faire l'ascension n'est pas considérée comme raisonnable.

Pourtant, l'expédition de 1741 fait grand bruit, car

Le spectacle de cet immense glacier enchâssé entre l'aiguille des Drus et le Montenvers a vivement impressionné les premiers explorateurs anglais qui lui donnèrent le nom de «mer de Glace». La mer de Glace est l'un des cinq grands glaciers du massif descendant dans la vallée.

Windham et Pococke, de retour à Genève, la racontent avec force détails ; les journaux en parlent également. « Tout le mérite auquel nous pouvons prétendre, dit Windham, c'est d'avoir frayé le chemin à quelques curieux. » Et en effet : bientôt, d'autres ont l'idée de faire eux aussi le « voyage aux glacières » pour... en parler à leur tour ; une mode est née, dont les habitants de Chamonix ne soupçonnent pas encore l'importance. Pour eux, ces étrangers sont des gens bizarres, mais riches ; alors, pourquoi ne pas satisfaire leurs caprices : les guider sur les sentiers du Montenvers, de la Flégère ou du Brévent, subir leur bavardage, écouter leurs histoires, répondre à leurs questions, supporter même qu'ils vous dévisagent, leur offrir les meilleurs lits, la meilleure soupe et surtout les laisser contempler ces montagnes maudites dont il n'y a rien à attendre que gêne et malheur.

Horace Bénédict de Saussure est un brillant universitaire genevois. Lorsqu'il entreprend son premier voyage au mont Blanc, en 1760, il n'a que 20 ans, mais il se jure alors d'en conquérir un jour le sommet.

LA PREMIÈRE EXPÉDITION 19

L'idée fixe de «monseigneur» Horace Bénédict de Saussure

– Dites, mon brave Simond, quelle est cette sommité ?
– C'est le Prarion, monseigneur, on dit qu'il y a de beaux vignobles par là-bas... vous aimez l'eau-de-vie, monseigneur ?
– Et plus à gauche, comment nommez-vous cette montagne ?
– Ah ! ça, c'est la montagne des Faux, monseigneur ; l'herbe y est bonne, on y fait des fromages.
– Et plus haut, cette pointe ?
– Le mont Lachat ?... Au-dessus de la forêt ?
– Non, plus haut !
– Plus haut ?... Ah ! je ne sais pas, monseigneur, ce sont de mauvaises montagnes ; point d'herbe, point de vignoble, pas même des pierres pour la construction, rien que de la neige, monseigneur... On les appelle les montagnes maudites.
– Personne n'y est jamais allé ?
– Vous n'y pensez pas, monseigneur ! Ce sont de mauvaises montagnes !

Le fameux panorama du mont Blanc, des aiguilles de Chamonix, des Drus et de l'aiguille Verte, avec la chute de la mer de Glace jusque dans la vallée, a émerveillé des générations de touristes et d'alpinistes : c'est en le découvrant que Saussure a eu l'idée de gravir le mont Blanc.

Justement, si! «Monseigneur» y pense. Il y pense
même très sérieusement ; s'il s'est fait conduire au
Brévent, c'est précisément pour observer de plus près ce
fameux mont Blanc dont il ne connaît que l'arête faîtière,
seule visible de Genève. Car Horace Bénédict de Saussure
– c'est le nom de «monseigneur» – est genevois.
Étudiant à l'université, il est envoyé par son professeur,
Albert de Haller, pour herboriser dans la vallée de
Chamonix. Depuis le fameux voyage de Windham et
Pococke, vingt ans auparavant, Chamonix suscite en effet
beaucoup d'intérêt à Genève. Mais, pour herboriser, il faut
regarder par terre, et le jeune botaniste a bien du mal à
garder les yeux fixés sur le sol, car, entre la terre et le ciel,
s'offre un spectacle bouleversant : le mont Blanc.
Et Saussure, fasciné, prend la décision d'en faire l'ascension.

Cette ferme résolution n'est pas un caprice, bien au
contraire ; le jeune Horace Bénédict ne sous-estime pas les
difficultés de l'entreprise : le matériel et l'équipement à
emporter, les dangers, réels ou imaginaires, le manque
d'enthousiasme des Chamoniards qui n'aiment pas
s'aventurer au-delà de leur univers familier, et puis
l'itinéraire. Comment démêler une voie d'ascension
possible à travers ce gigantesque enchevêtrement de
glaciers, de crevasses, de séracs, d'arêtes et de pentes
neigeuses ?

Vingt ans pour conquérir la montagne Maudite

«Il faut d'abord convaincre
les Chamoniards», se dit le
jeune étudiant qui fait
placarder sur les portes
de l'église une
déclaration solennelle
promettant une forte somme
à tous ceux qui accepteront
de l'aider. Puis il regagne
Genève, son herbier
modestement garni, mais
le cœur débordant de
passion.
Pour un botaniste, un
naturaliste, un glaciologue
ou un physicien

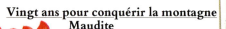

La flore alpine, raison première du voyage de Saussure, est particulièrement belle et variée. Ici, un *Saxifarga cotyledon,* représenté sur une chromolithographie de la fin du siècle dernier.

UN SPECTACLE BOULEVERSANT   21

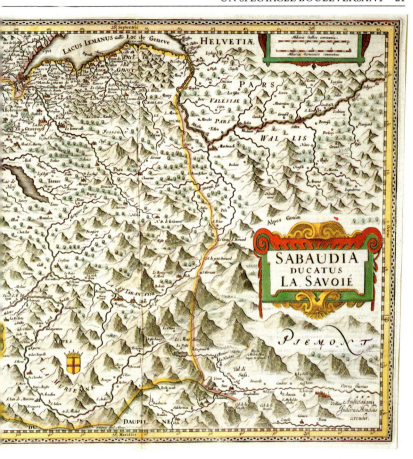

(au XVIIIe siècle, les savants étaient un peu tout cela à la fois), combien d'observations, d'expériences intéressantes à faire au sommet du mont Blanc ! A commencer par les mesures de la pression atmosphérique – puisque cette pression varie avec l'altitude – et de la température d'ébullition de l'eau – puisque cette température dépend de la pression – ; et puis, l'observation des chaînes de montagnes, leur architecture et leur orientation ; des glaciers, leur origine et leur évolution ; du ciel, la transparence de l'air et la luminosité des astres, etc.

Cette carte datant du XVIIe siècle est la première connue où figure le nom de Chamonix. Mais le mont Blanc n'y est pas représenté : le cartographe ignorait son existence !

C'est donc au nom de la science que Horace Bénédict de Saussure décide, en 1760, de gravir le mont Blanc, et c'est grâce à la science que son projet insensé ne sera pas considéré comme une folie...

Pour autant, la conquête du mont Blanc ne va pas durer moins de vingt ans ! Au début, quelques chasseurs de chamois se lancent dans l'aventure, mais, faute de préparation sérieuse, les échecs se succèdent et la certitude que le sommet est réellement inaccessible s'installe dans les esprits : même pour de l'argent, personne à Chamonix ne s'intéresse plus au projet du savant genevois.

Théodore Bourrit, le chantre fou du mont Blanc

C'est alors que, un bel été, débarque dans la vallée un énergumène mi-prophète, mi-fou, qui va faire autour du mont Blanc un battage extravagant. Il s'appelle Marc Théodore Bourrit. Chantre à la cathédrale de Genève, il est obsédé par une ambition dévorante. Persuadé que le

Au Montenvers, le célèbre panorama de la mer de Glace a fait l'admiration de nombreux visiteurs et inspiré bien des artistes dont Marc Théodore Bourrit, auteur de cette gravure du XVIIIe siècle.

L'ILLUMINÉ DES HAUTEURS   23

mont Blanc va lui ouvrir les portes de la célébrité, il s'arrange pour se faire présenter à toutes les personnalités en visite à Genève et les persuade de visiter les «glacières». Il les accompagne à Chamonix, les emmène au Montenvers et, leur recommandant de ne pas parler «de peur que le retentissement des voix ne fasse rouler des pierres», il les convainc de marcher à reculons pour ne découvrir le panorama qu'au dernier moment. Parfois même, après avoir fait admirer le point de vue sous ses différents aspects, il se retourne, se penche brusquement, tête en bas, et, contemplant le paysage entre ses jambes écartées, il s'écrie :

– Imitez-moi, vous verrez la mer de Glace encadrée !

Bref, Théodore Bourrit, chantre de la cathédrale de Genève, est plutôt le chantre fou du mont Blanc, auquel il consacrera l'essentiel de sa vie. Mais, en dépit de nombreuses tentatives, avec différents guides chamoniards – tantôt seul, tantôt en compagnie de son fils et une fois associé à Saussure –, Bourrit à chaque fois redescendra bredouille ; ce qui ne l'empêchera pas de publier beaucoup de livres sur le mont Blanc et de produire un nombre considérable de peintures et de gravures. Grâce à lui, le mont Blanc devient célèbre avant même d'avoir été gravi.

Les années passent, dix, puis vingt, et, du haut de ses 2450 toises, le géant des Alpes continue de narguer les quelques acharnés qui, au mépris des évidences, s'obstinent encore à chercher un «itinéraire». Car c'est ainsi que Saussure a posé le problème et si, au bout de vingt ans, la solution n'est toujours pas en vue, c'est que le problème n'a pas été bien posé. Plutôt que de chercher par où gravir le mont Blanc (il existe aujourd'hui un grand nombre d'itinéraires de difficulté modeste menant au sommet), il fallait d'abord se demander comment s'y prendre pour réussir une ascension aussi longue. En effet, à chacune de leurs tentatives, les premiers guides, persuadés qu'il était impossible de survivre à une nuit en montagne, rebroussaient chemin dès la nuit tombante, annulant toute chance de progression.

Comme Saussure, Marc Théodore Bourrit est genevois, mais de condition plus modeste. «Historiographe des Alpes», auteur de nombreux ouvrages sur le mont Blanc, Bourrit est également peintre : il illustrera nombre de livres, notamment les siens et ceux de Saussure.

C'est finalement la maladie d'une petite fille et une violente dispute entre Chamoniards qui vont ouvrir à Saussure les portes du mont Blanc, vingt-cinq ans après sa première visite à Chamonix.

Pris par la nuit, Jacques Balmat doit dormir dans la neige

Le 7 juin 1786, deux équipes sont en route pour le mont Blanc, l'une partie de Chamonix, l'autre de Saint-Gervais, afin de savoir laquelle des deux routes est la plus rapide. Comme convenu, elles se retrouvent au sommet de l'aiguille du Goûter, l'équipe de Chamonix arrivant la première. Après un bref conciliabule, les cinq guides poursuivent vers le sommet. Entre-temps, ils sont rattrapés par un certain Jacques Balmat qui veut se joindre à eux ; ils s'y opposent. Dame ! Il y a la fameuse récompense promise par M. de Saussure, et une récompense – même grosse – est moins intéressante à partager en six qu'en cinq... Et puis, le Balmat, on se méfie de lui au village ; il a toujours l'air de préparer un mauvais coup...

Il est vrai que Jacques Balmat passe le plus clair de son temps hors du village, à la chasse au chamois ou à la recherche de cristaux, et qu'il a toujours une mine renfrognée...

Jacques Balmat, né à Chamonix en 1762. D'après le passeport du 18 nivôse an VII (7 janvier 1799), nous avons les renseignements suivants : « Taille 5 pieds 3 pouces (1,70 m), cheveux et sourcils noirs, yeux bruns, nez ordinaire, bouche moyenne, menton rond, front ordinaire, visage ovale. »

Mais est-ce à cause de son air maussade que les autres évitent de lui parler ? Toujours est-il que personne ne veut de lui :
– Rentre chez toi, le Balmat, on ne te veut pas avec nous !
– Mais elle est bien à tout le monde, la montagne.
– Retourne au village, on te dit !

Rien à faire : le Balmat est têtu comme un chamois. Il les suit à distance, s'arrêtant de temps à autre pour examiner la voie d'ascension, et peut-être aussi pour chercher de l'or, car on dit au village qu'il y a de l'or dans

Avant d'explorer la haute montagne, les hommes la croyaient peuplée d'êtres surnaturels et malveillants, et la représentaient sous un aspect surréaliste, telle cette source de l'Arveyron.

26 LE MONT BLANC EN REDINGOTE

Pour gravir le mont Blanc, les premiers ascensionnistes ont dû non seulement découvrir l'itinéraire menant au sommet, mais également inventer les techniques de l'alpinisme. Ces gravures anglaises du XIXe siècle montrent combien les manœuvres étaient délicates et périlleuses, particulièrement au passage des séracs. Saussure lui-même écrit: «Souvent, ne sachant où m'accrocher, j'étais réduit à saisir le bas de la jambe du guide qui me précédait.»

la montagne. Malheureusement, le brouillard s'installe, et bientôt les autres ne sont plus visibles ; il y a bien leurs traces qui s'en retournent vers Chamonix, mais le vent les a effacées en partie et puis cette crevasse, comment l'ont-ils sautée ? Alors, une idée folle germe dans la tête de Balmat : continuer ! Puisque les autres ont fait demi-tour, il ira seul au sommet et... touchera seul la récompense. Il poursuit donc l'ascension, faisant lui-même sa trace, mais bientôt il s'arrête à son tour. A quoi bon ? S'il parvient au sommet, personne ne voudra le croire... «Tant pis, je reviendrai avec

quelqu'un, se dit-il. Pour ce soir, il faut redescendre. »
Mais il est tard, il est même trop tard...

Pendant ce temps, les cinq hommes arrivent à Chamonix, fatigués, trempés jusqu'aux os (un orage a éclaté pendant la descente), mais satisfaits de s'en être tirés sains et saufs et... nullement inquiets pour leur camarade ! C'est seulement le lendemain que Jacques Balmat arrive à son tour au village, l'air encore plus renfrogné que de coutume, et qu'il se vante d'avoir découvert l'itinéraire du sommet.

Personne ne le croit, bien sûr. Non seulement le Balmat prétend être parvenu au sommet, mais il raconte même que, pris par la nuit, il a dormi dans la neige ! Décidément, il est de plus en plus fou, pensent les gens du village. Une nuit en montagne, sur le glacier, c'est la mort certaine...

Né à Chamonix en 1757, le Dr Michel Gabriel Paccard rencontre Saussure en 1784. L'idée de réussir l'ascension du mont Blanc avant Saussure ne lui déplairait pas...

Pour la première fois, des hommes foulent les pentes du mont Blanc

Peut-être l'histoire en serait-elle restée là si Judith, la petite fille de Balmat, n'était tombée gravement malade...

Le Dr Paccard, appelé d'urgence, s'intéresse lui aussi au mont Blanc... Après avoir examiné rapidement le bébé, il rejoint Jacques Balmat dans un coin de la pièce et l'interroge :
– C'est bien toi qui étais l'autre jour au mont Blanc avec Pierre Balmat et François Paccard ?
– Ça se peut bien, répond Balmat d'une voix maussade.
– On dit que tu as presque atteint le sommet ?
– Personne ne veut le croire.
– Mais moi, je te crois.
– Ça vous regarde.
– Est-il vrai que tu as couché sur le glacier ?
– Mais oui ! J'ai mis sous la tête mon sac, et mes raquettes sous le dos, et j'ai couché sur la neige... Le matin, mes habits étaient gelés, durs comme un manche de fourche.
– Tu as souffert du froid ?
– Pourquoi me demandez-vous tout ça ?

Après un long silence, le docteur se penche vers Balmat et lui murmure à l'oreille :
– Veux-tu m'accompagner au mont Blanc ?

Balmat ne répond rien ; alors, le docteur insiste :
– Je te laisserai ma part de la récompense et je te paierai même comme guide.

Après sa tentative du 7 juin 1786, Jacques Balmat est prêt à retourner au mont Blanc. C'est avec Paccard qu'il va faire équipe.

Cette fois, Balmat ne dit pas non, il hoche simplement la tête.

Quelques jours plus tard, les deux hommes quittent Chamonix ; beau temps, neige excellente, pleine lune, les conditions sont idéales. Le soir, ils sont au sommet de la montagne de la Côte, où ils installent leur bivouac. Dès le lendemain, à quatre heures du matin, munis de leur sac à dos et de leurs longs bâtons, ils se dirigent vers le Grand Plateau. Le soleil est brûlant et la neige ramollie porte mal. Balmat, gêné par les instruments scientifiques du docteur (un thermomètre et un baromètre sur trépied), enfonce jusqu'aux genoux ; Paccard, aveuglé par la réverbération du soleil, se cache le visage ; mais les deux hommes avancent obstinément et, pas à pas, ils arrivent à hauteur des rochers Rouges. Cette fois, le sommet est vraiment tout proche et, malgré le vent qui souffle en rafales, malgré la fatigue qui les oblige à respirer plusieurs fois entre chaque enjambée, malgré le froid qui rend insensibles leurs pieds et leurs mains, Michel-Gabriel Paccard et Jacques Balmat trouvent la force de poser encore un pied devant l'autre, encore, encore et toujours... Et puis, soudain, plus rien, plus rien que le ciel de Savoye, de France et d'Italie ! Ils sont au-dessus du monde, au sommet du mont Blanc !

Il est exactement 18 heures et 23 minutes, ce 8 août

En 1832, Alexandre Dumas, visitant Chamonix, a eu la chance de rencontrer le vieux Jacques Balmat alors âgé de 70 ans. Il lui a fait raconter son odyssée : sa tentative de juin 1786 et sa descente dramatique, son ascension réussie avec le Dr Paccard le 8 août et le retour au village.

1786. C'est un moment important dans l'histoire des hommes.

Paccard éprouve une fierté immense ; et, tout en s'affairant avec son baromètre, il pense déjà au livre qu'il publiera : *Premier Voyage à la cime de la plus haute montagne de l'ancien continent, le mont Blanc, par le Dr Michel Paccard, médecin dans les Alpes de Chamonix, le 8 août 1786.* Bientôt il sera plus célèbre que M. de Saussure...

Balmat s'impatiente. Il voudrait redescendre tout de suite, filer à Genève, annoncer la nouvelle à M. de Saussure et toucher la récompense.
— Il faut descendre, docteur.
— Attends, je dois noter la pression.
— Si nous ne partons pas maintenant, nous serons pris par la nuit au milieu des neiges.
— Et alors ? Tu sais bien qu'on n'en meurt pas.
— Restez si vous voulez, moi je rentre ; d'ailleurs, la petite est malade, vous le savez bien.

Une demi-heure plus tard, les deux hommes entament la descente, mais s'ils connaissent maintenant l'itinéraire, l'entreprise reste tout de même fatigante et dangereuse. Et c'est seulement le lendemain, après une nouvelle nuit en montagne, qu'ils arrivent à Chamonix, exténués mais triomphants. Paccard, les yeux brûlés, tient la main de son compagnon, lui-même passablement épuisé.

La version d'Alexandre Dumas, donnant à Balmat un rôle exagérément flatteur, restera pendant près d'un siècle l'histoire officielle de la première ascension du mont Blanc ; jusqu'au jour où un historien allemand, le docteur Dübi, réhabilitera Paccard à partir des documents de l'époque.

L'histoire, malheureusement, ne se termine pas là et le succès des deux Chamoniards va sombrer dans une lamentable dispute : Bourrit, furieux de voir ses ambitions ruinées, raconte à tout le monde que le docteur n'est sans doute pas allé au sommet ; Paccard, fou de rage, exige un démenti public, mais la rumeur malveillante entretenue par l'abominable Bourrit l'empêchera de publier son livre.

Quant à Balmat, il rentre chez lui pour apprendre que sa petite fille est morte le jour même où il atteignait la cime du mont Blanc ! Il se rend malgré tout à Genève, rencontre Saussure, touche la récompense et se fait voler par deux escrocs sur le chemin du retour ! A moitié fou, il passera le reste de sa vie à courir la montagne à la recherche d'une mine d'or et trouvera finalement la mort dans des conditions mystérieuses en explorant une caverne du côté de Sixt.

Le 2 août 1787, la montagne Maudite devient enfin le fameux mont Blanc

Dès la visite de Balmat, M. de Saussure prépare ses bagages : la voie est ouverte et il va enfin pouvoir réaliser son rêve !

Trouvant la gravure originale (ci-dessus) trop peu flatteuse pour lui, Saussure l'a fait corriger pour apparaître plus svelte (ci-dessous).

LE BAPTÊME DU MONT BLANC 31

Hélas, le mont Blanc n'est pas encore disposé à lui céder et, après avoir vainement attendu que le temps s'établisse au beau, le savant genevois regagne Genève, bredouille une fois de plus...

C'est seulement l'année suivante, le 2 août 1787, qu'aura enfin lieu la cérémonie de baptême du mont Blanc – célébration en grande pompe, à laquelle rien ne manquera : ni le beau temps, bien établi depuis plusieurs jours, ni le volumineux matériel préparé depuis l'année précédente... sans compter les affaires de Têtu, le valet de chambre. Car, outre les dix-huit guides et porteurs chargés de tout ce matériel, M. de Saussure se fait accompagner par son fidèle valet de chambre jusqu'au sommet !

Il est difficile d'imaginer le spectacle de cette caravane étrange et pittoresque : Jacques Balmat et quelques guides ouvrant la voie, le savant genevois déjà relativement âgé – il a 48 ans – agrippé à deux longues perches en bois disposées de chaque côté de lui et tenues par deux autres guides, Têtu soutenu lui aussi, enfin les porteurs chargés du matériel scientifique, des provisions, du bois de chauffage et du charbon (pour avoir de l'eau à boire, il faut faire fondre la neige).

L'ascension, aussi longue et aussi difficile que celle de l'année précédente, demande bien du courage à tout le monde, non seulement pour atteindre le sommet du mont Blanc, mais surtout pour y demeurer pendant quatre heures et demie !... Quatre heures et demie d'expériences, qui paraîtront interminables à tous les guides. Mais M. de Saussure est un savant authentique, c'est-à-dire honnête et persévérant, et il sait que cette ascension-là est la première et la dernière de sa vie, aussi n'accepte-t-il de redescendre qu'après avoir mené à bien le programme prévu. Il observe les différentes montagnes aux alentours, essaie de voir la mer mais sans succès, étudie la forme du sommet (une longue arête de neige semblable à l'échine d'un dinosaure), recueille un échantillon de neige dans un flacon, examine la couleur du ciel, mesure l'humidité de l'air (il utilise pour cela un appareil de son invention : l'hygromètre à cheveu, encore en usage aujourd'hui, dont le principe repose sur le fait que la longueur des cheveux varie avec l'humidité), compare son pouls à celui d'un guide (100 pulsations à la minute, contre 98) – le cœur du pauvre Têtu, sans doute plus ému, bat à 112 pulsations à la minute –, détermine la température d'ébullition de l'eau

Le baromètre emporté par Saussure lors de sa première ascension de 1787, qui lui a permis de déterminer l'altitude au sommet : 2 450 toises selon lui.

(80°C) et, bien sûr, mesure la pression de l'air, calcule l'altitude (il trouvera 2450 toises, soit 4775 mètres, c'est-à-dire 32 mètres de moins que la hauteur exacte). Puis il donne le signal du retour, persuadé que ce 2 août 1787 est un grand jour pour la science.

En réalité, cette ascension constitue surtout l'acte de naissance de l'alpinisme.

Avec dix-huit guides et son valet de chambre, Saussure réalise enfin son rêve, après plus de vingt années d'attente.

LE MONT BLANC APPRIVOISÉ 33

ès l'âge de dix-sept ans, Edward
Whymper a de grandes ambitions :
Premier ministre ou millionnaire ?
Qu'importe, il rêve de devenir un
personnage important… Mais ces rêves
d'adolescent se heurtent à la réalité d'une vie
bien organisée. Car, en 1860, le jeune
Edward, second d'une famille londonienne
de onze enfants, travaille déjà dans l'atelier
paternel comme graveur.

CHAPITRE II
L'ÂGE D'OR
DU MONT BLANC

Au début du siècle
dernier, les ascensions
au mont Blanc, encore
exceptionnelles, donnaient
lieu à des comptes rendus
fantastiques et à des
illustrations non exemptes
de fantaisie.

Edward Whymper dessine donc avec une grande précision des traits dont l'empreinte, une fois enduite d'encre, restitue sur la feuille de papier un paysage ou un portrait d'homme célèbre; et, tout en gravant, il rêve au jour où un autre dessinera son propre portrait...

Au printemps 1860, on lui propose de partir en «reportage» dans les Alpes, c'est-à-dire d'aller sur place pour exécuter des dessins, ou tout au moins des esquisses destinées à illustrer les livres de l'Alpine Club (club alpin anglais fondé en 1858). Il accepte avec enthousiasme, car il aime l'aventure. Il n'a peur ni du danger ni de la fatigue, et cette expérience nouvelle pourrait lui ouvrir des perspectives à la hauteur de ses ambitions.

Les montagnes de Suisse, de Savoie et du Dauphiné offrent en effet quantité de sommets vierges, donc bon nombre d'ascensions et autant d'exploits possibles. Et Whymper, sans négliger l'objet de sa mission – remplir son cahier de croquis – va, pendant cinq ans, revenir chaque été dans les Alpes, s'adjuger la conquête de sommets prestigieux et devenir l'alpiniste le plus célèbre de sa génération.

En juin 1865, il se trouve à Zermatt après un nouvel échec au Cervin, qui est un peu le concurrent suisse du mont Blanc. Il en réussira l'ascension quelques semaines plus tard, dans des circonstances tragiques. Découragés, mais soucieux de lui témoigner leur soutien, ses guides lui conseillent de s'intéresser à une autre montagne.

– Pourquoi ne cherchez-vous pas à faire des ascensions possibles? lui suggère Christian Almer, un gaillard à l'accent suisse allemand.

De guerre lasse, Whymper se résigne à mettre le cap sur le mont Blanc... En l'occurrence, c'est à l'aiguille Verte qu'il pense, et à sa calotte de neige perchée à 4 122 mètres d'altitude. Dominant la mer de Glace, soustendue par quatre longues arêtes, l'aiguille Verte est en effet ce qu'un amateur de premières peut rêver de mieux en 1865, et Whymper sait bien que, s'il réussit, son nom sera à jamais gravé dans l'histoire de l'alpinisme.

Le guide Michel Croz (ci-dessus) et l'alpiniste Édouard Whymper (ci-dessous) forment la première grande cordée de l'histoire de l'alpinisme.

Du sommet des Grandes Jorasses... au sommet de l'aiguille Verte !

Il arrive donc à Chamonix, mais, avant d'aborder l'ascension, il veut étudier la montagne et en déterminer le meilleur itinéraire. Quel est l'endroit idéal pour observer l'aiguille Verte ? Le Montenvers ? Pas assez haut. La Flégère ? Trop au nord. Les Grandes Jorasses ? Elles culminent à plus de 4 200 mètres ? Qu'importe ! Personne encore n'y est allé ? Tant mieux ! Allons aux Grandes Jorasses ! Et voilà Whymper et ses trois guides, les Suisses Almer et Biener, le Chamoniard Michel Croz, en route pour les Grandes Jorasses.

Dire que l'ascension n'est qu'une formalité est à peine exagéré ; Whymper note simplement : «Nous voguâmes à pleines voiles et nous atteignîmes le sommet des Grandes Jorasses à une heure et demie de l'après-midi.» A la descente, pourtant, les quatre hommes éprouvent une brève inquiétude lorsque la pente enneigée sur laquelle ils sont engagés se dérobe sous leurs pieds : ils ont toutes les peines du monde à s'échapper d'une avalanche.

En 1865, l'aiguille Verte était le dernier grand sommet vierge du massif du Mont-Blanc. Lorsque, le 28 juin, Christian Almer, un des compagnons de Whymper, en aperçoit le sommet qui semble tout proche, il s'écrie : «Oh, aiguille Verte, vous êtes morte, bien morte !»

Le bivouac sur les Grands Mulets, 1853

L'auteur de cette suite de gravures, l'Anglais Brown, a réellement fait l'ascension du Mont-Blanc, en 1853. La décennie suivante verra, du reste, tous les sommets importants des Alpes, à l'exception de la Meije, gravis par des Anglais et leurs guides. En 1853 également, la Compagnie des guides installe aux Grands Mulets le premier refuge connu, qui ne figure pas encore sur la gravure. A cette époque, il n'existe qu'une seule voie d'ascension, inaugurée en 1840 : celle qui part de Chamonix et monte par les Grands Mulets. Quelques années plus tard, en 1861, les voyageurs pourront choisir entre cette dernière voie et une nouvelle, au départ de Saint-Gervais, qui passe par l'aiguille du Goûter. La suite de l'itinéraire emprunte soit le mur de la Côte, soit l'arête des Bosses. Le refuge de la Compagnie des guides sera déplacé et agrandi plusieurs fois en hôtellerie avant de devenir l'important refuge actuel des Grands Mulets, propriété du Club alpin français. A l'aiguille du Goûter, d'autre part, une cabane est édifiée en 1858, remplacée plus tard par un refuge appartenant aussi à ce club. Au col du Midi, ce sont les Italiens qui ont construit un petit abri.

Première vue sur le versant italien du Mont-Blanc

A partir des années 1850, le versant français du Mont-Blanc commence à être connu, mais il reste encore à découvrir le gigantesque versant sud du Géant des Alpes d'une part, et d'autre part les innombrables aiguilles de neige et de roc qui se dressent alentour. Mis à part l'aiguille du Midi, elles sont toutes vierges. Les pèlerins de cette nouvelle croisade sont les Anglais. L'aventure alpine les passionne, surtout par l'aspect exercice physique qu'elle comporte. En 1857 ils fondent le premier club de montagne : l'Alpine Club. Ils seront à l'origine des premières grandes ascensions réussies. Les Anglais choisissaient leur sommet, éventuellement leur itinéraire, et bien entendu leur guide. Celui-ci n'exerçait que durant les trois mois d'été, où il était souvent engagé pour plusieurs ascensions, voire à la saison.

Premier usage du piolet, le Grand Plateau et les rochers Rouges

Ce piolet est l'ancêtre du piolet actuel. Sa forme en hache est le résultat d'un «croisement» entre une simple hache et un bâton de montagne. Les tout premiers guides alpins complétaient en effet leur bâton de montagne par une petite hachette à main leur permettant de tailler des marches dans la glace, dites «baignoires». Dès la fin du XVIIIe siècle, ils eurent l'idée de n'en faire qu'un seul outil. Avec le temps, on rendra la hache perpendiculaire pour mieux se retenir dans les pentes de neige fraîche, et l'on raccourcira le manche pour permettre la taille facile des marches; la pique du bâton de montagne lui fut conservée afin de pouvoir sonder facilement les neiges et les crevasses douteuses. Dans les années 1850, l'usage de la corde commence à devenir systématique. Les pionniers de l'alpinisme avaient déjà eu l'idée de la corde pour prévenir les dangers des crevasses. Mais comme ils la tenaient à la main, la protection était illusoire : la main ne peut serrer assez fortement. Ce n'est qu'après de nombreux accidents et la fondation de l'Alpine Club que l'on voit s'implanter définitivement l'usage de s'attacher la corde autour du corps.

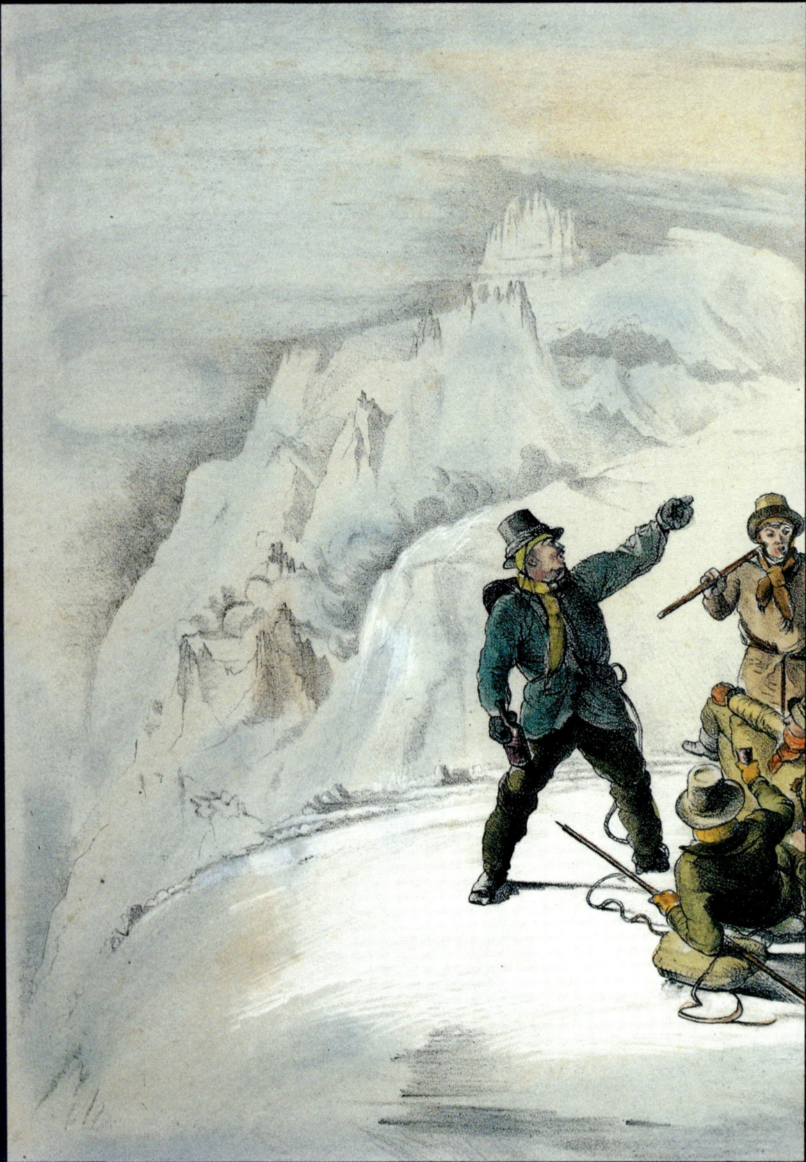

Petit déjeuner sur le Grand Plateau : le guide montre le sommet du Mont-Blanc

En 1850, les caravanes qui s'engageaient dans l'ascension du Mont-Blanc étaient très importantes car le règlement de la Compagnie des guides imposait quatre guides par voyageur. Aussi fallait-il emporter des kilogrammes de victuailles et un nombre impressionnant de bouteilles (limonades, vins, liqueurs, etc.). Néanmoins, le fameux «mal des montagnes» pouvait atteindre aussi bien les débutants que les meilleurs grimpeurs. «Fréquent à 3000 mètres, peut être éprouvé à de moindres hauteurs. Les premiers signes sont une fatigue exagérée, un essoufflement inusité ; puis surviennent des bourdonnements d'oreilles, des douleurs de tête, du vertige, des nausées, enfin un anéantissement complet des forces et un sommeil invincible. La figure du patient est violacée et livide, ses extrémités froides. Il est reconnu actuellement que la principale cause de ces phénomènes est la désoxygénation du sang sous l'influence de la faible tension de l'oxygène aux basses pressions», lira-t-on dans le *Manuel d'Alpinisme* de 1904.

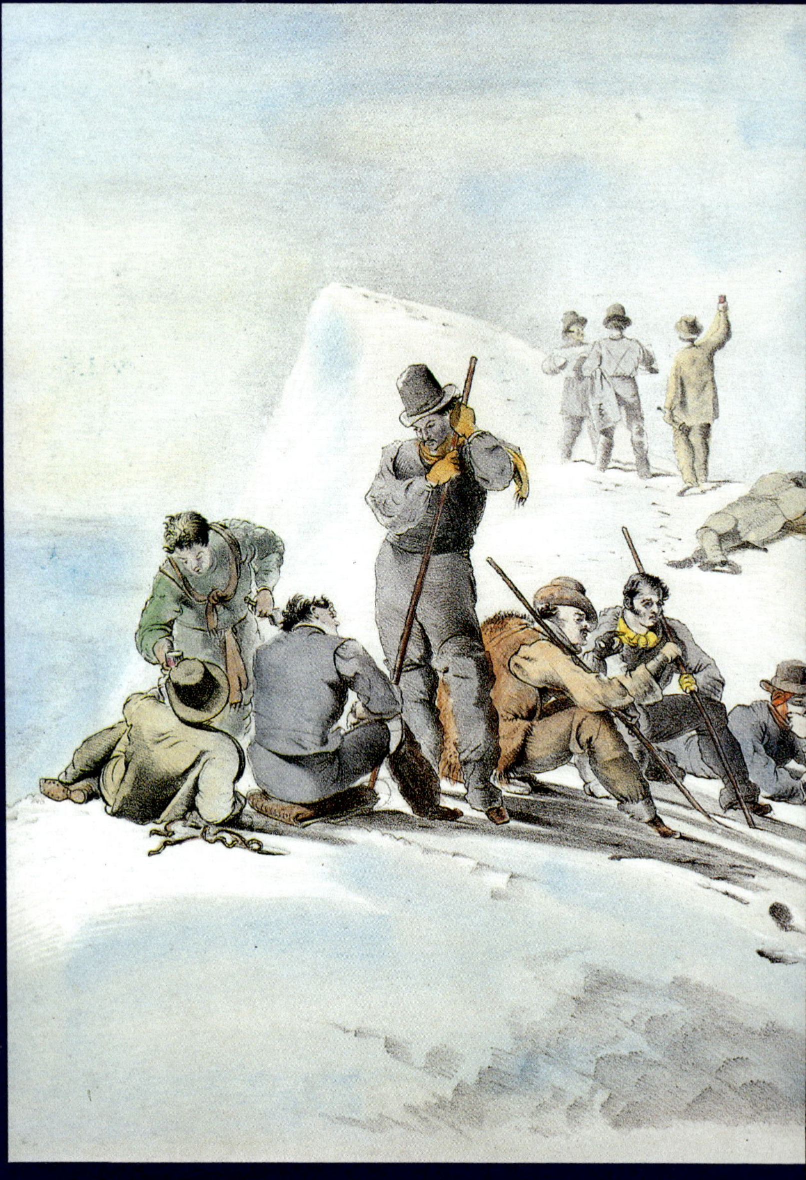

Le sommet du Mont-Blanc. Au loin, sur la route, le lac de Genève et les montagnes du Jura

Le sommet du Mont-Blanc est neigeux. Il a la forme d'une longue arête arrondie, semblable à l'échine d'un dinosaure géant, et il faudrait creuser à une quarantaine de mètres de profondeur pour atteindre le rocher ; aussi l'altitude officielle de 4 807 mètres est-elle une moyenne qui fluctue au gré des chutes de neige et du vent.

Incidents à la descente

Après une station plus ou moins longue au sommet, les alpinistes regagnaient la vallée de Chamonix aussi rapidement que possible, en utilisant parfois des techniques audacieuses, saut d'un mur de glace, glissade collective sur le derrière. Le Manuel d'Alpinisme de 1904 va même jusqu'à recommander : « Pour la glissade assise, on s'accroupit sur la pente, les talons en avant, le bout des pieds légèrement relevés, le piolet sous le bras droit, sa pique à la pente et sa tête en l'air, la main gauche près des frettes et le bras droit replié le long du manche – dans la position exacte où l'on tient une guitare. »

48   L'ÂGE D'OR DU MONT BLANC

Des vagues de neige de plus en plus lourdes les entraînent
pêle-mêle au fond du couloir qu'elle a creusé.
Heureusement, alors que la pente s'adoucit, avant de
s'incliner de nouveau vers l'abîme, un guide saute sur le
côté ; les autres l'imitent, et Whymper retenu par la corde
en est quitte pour vider ses poches de la neige qui s'y est
engouffrée. Mais l'ascension n'a pas servi à grand-chose,
car l'aiguille Verte, cachée par des nuages, n'était pas
visible du sommet des Grandes Jorasses ! Qu'importe,
voilà toujours une première de plus à l'actif de Whymper.
Cinq jours plus tard, il se retrouve sur le glacier de Talèfre,
à la base d'un long couloir menant... au sommet de
l'aiguille Verte.

Michel Croz, engagé par un autre Anglais, n'est pas
de la partie ; Whymper l'a remplacé par un porteur. Quant
à Christian Almer, il lève le nez, en s'écriant d'un ton
provocateur :
– Ô, aiguille Verte, vous êtes morte, et bien morte !
Puis les deux guides et leur client se dirigent vers le
couloir de neige, laissant au porteur la garde du
campement. Cette fois encore, l'ascension se déroule sans
incident majeur : après avoir cheminé d'une rive à l'autre
du couloir (qui s'appelle aujourd'hui le couloir
Whymper), les trois hommes atteignent une fine arête de
neige qui les mène au sommet. Le temps est superbe, la
vue magnifique et, s'il faisait moins froid, Whymper
s'offrirait un petit croquis ; mais il faut songer à
redescendre, car la descente en montagne est souvent plus
difficile que la montée, particulièrement dans les itinéraires
en neige et glace, et puis le vent, qui s'est brusquement
levé, a effacé les traces de la montée. Face à la pente,
appuyés sur leurs piolets, les talons bien assurés dans la
neige, attentifs à ne pas emmêler la corde, Whymper et ses
guides atteignent sans encombre la base du couloir et
prennent pied sur le glacier de Talèfre. Le porteur est
encore là, prêt à regagner la vallée après avoir replié la
tente et englouti toutes les provisions : gigot, miches de
pain, fromage, vin, œufs, saucisson ont disparu !... Du
coup, les trois autres décident de rentrer le soir même, et le
porteur, aussi chargé au-dedans qu'au-dehors, a bien du
mal à suivre le train endiablé de ses compagnons affamés !

A huit heures et quart du soir, les quatre hommes
arrivent enfin au village, mais la journée n'est pas finie
pour autant : les Chamoniards sont furieux d'apprendre

Les premiers alpinistes
préféraient les itinéraires
en neige et en glace.
Comme ils n'avaient pas de
crampons, ils taillaient des
marches, parfois des
milliers de marches, pour
une seule voie d'ascension.

que «leur» aiguille vient d'être conquise par des étrangers. Du coup, il ne reste plus une place disponible dans aucun hôtel! Pis, une violente discussion s'engage entre les guides suisses et leurs homologues chamoniards qui s'écrient: «Vous prétendez que vous êtes arrivés là-haut, mais nous n'en croyons rien! Et d'abord prouvez-le! Tiens, mille francs contre deux mille qu'avec trois d'entre nous vous serez incapables d'atteindre le sommet!»

Le ton monte, le geste est joint à la parole, et une belle bagarre se déclenche, à laquelle les gendarmes doivent mettre un terme. Le meneur, un certain Zacharie Cachat, écopera de quelques jours de prison; quant au pari, c'est un compatriote de Whymper – Thomas Stuart Kennedy, lui-même excellent alpiniste – qui le relèvera avec panache, en réussissant six jours plus tard la deuxième ascension de l'aiguille Verte, par un nouvel itinéraire: l'arête du Moine (sud).

En 1823, la Compagnie des guides de Chamonix est créée. Le nombre des guides est alors fixé à quarante. La première année, soixante-trois candidats se présentent pour ces quarante places, réservées aux «habitants de Chamonix et à ceux de la vallée sans distinction pourvu qu'ils aient les qualités requises» (Art. 4).

De l'aiguille des Drus à celle du Grépon: les premières techniques de l'alpinisme sont mises au point

En 1878, c'est l'aiguille des Drus qui devient l'enjeu d'une nouvelle compétition opposant un alpiniste anglais, Clinton Thomas Dent, à un guide français, Jean Charlet. Cette fois, la partie se solde par un match nul. Première ascension du Grand Dru (3 754 mètres) pour Dent, le 12 septembre 1878, en compagnie de son ami Hartley et des guides suisses Maurer et Burgener – au terme de dix-huit tentatives! Première ascension du Petit Dru (3 733 mètres) pour Charlet, le 29 août 1879, avec ses compagnons Folliguet et Payot.

50 L'ÂGE D'OR DU MONT BLANC

Après les grandes montagnes les «petites»... C'est en effet vers les sommets considérés comme secondaires que les regards se tournent après 1865. Mais les voies d'ascension sont parfois bien plus difficiles au-dessous de 4 000 mètres qu'au-dessus. Le guide Jean Charlet mettra son point d'honneur à conquérir l'aiguille du Dru.

Plus que jamais, les ressources physiques, morales et intellectuelles sont nécessaires aux alpinistes pour venir à bout des difficultés sans cesse plus proches de leurs limites, et c'est au fil de leurs expériences – heureuses ou malheureuses – qu'ils inventent la technique de l'alpinisme.

Ainsi, pendant que Dent s'encombre d'une échelle en bois spécialement conçue pour la circonstance, Charlet, au cours d'une tentative en solitaire, invente la technique du rappel de corde qui lui permet, après être descendu le long de sa corde disposée en double, de la rappeler en tirant sur un des deux brins : la méthode est universellement utilisée aujourd'hui.

Deux ans après le retentissant succès de Jean Charlet au Petit Dru, le massif du Mont-Blanc offre encore aux amateurs de premières un superbe sommet, dont l'altitude relativement modeste (3 482 mètres) est largement compensée par les difficultés de l'ascension : le Grépon. Il n'a encore cédé à aucune tentative, lorsque, en 1881, arrive à Chamonix un alpiniste anglais longiligne et glabre, accompagné par un guide suisse trapu et barbu. Le premier s'appelle Alfred Frederick Mummery et, si on lui reproche parfois de s'intéresser davantage à l'escalade qu'au paysage, c'est que son agilité en montagne est en effet incomparable. Quant au second, Burgener, son palmarès est si prestigieux que, même à l'étranger, les autres guides le considèrent unanimement comme le meilleur d'entre eux.

Autant dire que la cordée Burgener-Mummery constitue l'équipe idéale. Pour faire bonne mesure, les deux hommes vont encore s'adjoindre les services d'un autre guide, un compatriote de Burgener, dont l'agilité n'a pas grand-chose à envier à celle du singe : Benedikt Venetz. Ce dernier sera plus particulièrement chargé des passages acrobatiques.

Les voilà donc en route pour le Grépon, l'aiguille la plus courtisée du massif, dont à peu près toutes les faces et toutes les arêtes ont déjà fait l'objet de nombreuses tentatives. C'est dire si, le 1er août 1881, les curieux de Chamonix sont à leur fenêtre lorsque Mummery quitte son hôtel avec, entre autre équipement, une bouteille de champagne et un piolet neuf.
Le champagne est destiné à fêter le succès dont personne ne doute ; quant au piolet, c'est une

Clinton Thomas Dent est un alpiniste anglais particulièrement tenace : c'est au terme de dix-huit tentatives qu'il réussira, en 1878, à escalader le Grand Dru pour la première fois. Pourtant, il devra laisser à son concurrent, Jean Charlet, le Petit Dru, seul visible de Chamonix.

tradition. Mummery abandonne généralement le sien au sommet des voies, signant ainsi ses premières comme un artiste signe son œuvre.

Cependant, la partie est plus difficile que prévue et Mummery, comme ses prédécesseurs malheureux, rentre bredouille. Deux jours plus tard, celui qu'on surnomme le «roi du rocher», au lieu de se diriger comme précédemment vers la face est (dite versant mer de Glace), gagne le pied de l'arête nord et la remonte intégralement jusqu'au sommet. Enfin, presque jusqu'au sommet… car le maudit Grépon n'est pas une montagne ordinaire avec une base, des arêtes, des faces et un sommet. Non, c'est plutôt une sorte d'arête faîtière déchiquetée, dont l'architecture compliquée forme plusieurs pointes difficilement joignables. Et le sommet nord, sur lequel Mummery est installé, n'est pas le plus élevé! Il lui

Avec Alfred Mummery, c'est une nouvelle conception de l'alpinisme qui se révèle: l'escalade rocheuse de grande difficulté sur les parois réputées inaccessibles.

Dans les aiguilles de Chamonix (à gauche), le Grépon occupe une place privilégiée car, à la fin du siècle dernier, il fut l'enjeu d'une formidable compétition entre les meilleurs alpinistes. C'est finalement Mummery et ses guides qui réussiront la première ascension.

Cette photo (à droite), la seule connue, montrant le «roi du rocher» en pleine action, a été prise lors d'une ascension du Grépon. Mummery est en train d'escalader la fissure qui porte aujourd'hui son nom.

manque tout au plus trois ou quatre mètres pour culminer.
Mais l'alpinisme est une science précise et Mummery sait
bien que, faute d'avoir atteint le vrai sommet, «les joies
d'un esprit calme et d'une conscience sans remords»
lui sont désormais interdites. Le voilà donc en route, deux
jours plus tard, avec une nouvelle bouteille de champagne
et un nouveau piolet.

Gagner le sommet nord n'offre pas plus de difficultés
que la fois précédente, traverser jusqu'à la base du sommet
sud en empruntant la «vire à bicyclette» n'en présente pas
davantage ; seuls les derniers mètres posent problème.

Venetz s'installe pour une sieste, laissant les deux
autres tenter les manœuvres de corde les plus audacieuses,
car il sait bien comment tout cela finira.
– *Herr Gott!* s'exclame Burgener, ça ne passe pas.
– *God damned!* renchérit Mummery. C'est bien le plus
formidable rocher sur lequel j'aie jamais porté les yeux !

Venetz ne s'est pas trompé ; quelques coups de piolet
lui en apportent la confirmation : fini la sieste ! A lui de
jouer ! Burgener s'apprête à le soutenir pendant que
Mummery, inquiet, réalise que dans l'hypothèse favorable
où ses guides passent, il lui faudra en faire autant...
La suite se résume à un enchaînement de mouvements
classiques : courte échelle sur les mains d'abord, sur les
épaules ensuite, sur la pointe du piolet enfin, «recherche
vague de prises inexistantes dont il est si pénible d'être le
témoin», halètements, raclage des semelles sur le granit,
contorsions, flexions, convulsions, hésitations, tractions,
satisfaction : sommet.

Telle une araignée au bout de son fil, Mummery, hissé
par Burgener, est porté au sommet du Grépon.

Mummery plante son piolet au sommet du Grépon... et met au défi les guides de Chamonix. Défi relevé !

De retour à Chamonix, Mummery annonce à la cantonade
que son piolet aura le temps de rouiller avant que le
Grépon ne reçoive une nouvelle visite.
– Pas sûr, murmurent quelques guides chamoniards.
– O.K. ! propose Mummery. Il y aura cent francs pour
celui qui le rapportera !

C'est alors qu'entre en scène Henri Dunod, un
alpiniste français enthousiaste et obstiné. Un mois durant,
il assiégera le Grépon jusqu'à en forcer le sommet.

Le 6 août 1885, il part avec trois guides, F. et G. Simond, et J. Desailloux, et un sapin de deux mètres destiné à prendre la place du piolet ; mais, chassé par un violent orage, il rebrousse chemin. Au deuxième essai, le sapin est remplacé par un drapeau français qui, faute de mieux, est planté au sommet des Grands Charmoz. A la troisième tentative, c'est une poutre longue de 3 mètres – au service exclusif de laquelle est affecté un porteur – qui est abandonnée sur place en vue de la quatrième reprise.

Dunod, l'un des rares Français de l'époque à manifester autant d'ambition que les Anglais pour la conquête des derniers sommets vierges, apprend entre-temps que Mummery aurait emporté trois échelles de 3 mètres, chacune pouvant s'assujettir l'une à l'autre ; pour faire bonne mesure, il commande trois échelles de 3,60 mètres, repart le 30 août au matin et... rentre bredouille une nouvelle fois, le 30 août au soir.

Le 20 septembre, malgré l'embarras des trois échelles, la caravane parvient au pied du ressaut sommital. Ne disposant ni des épaules ni du piolet ascensionnel de Burgener, Auguste Tairraz gravit un à un les barreaux de l'échelle dressée sur une étroite plate-forme. Avec la délicatesse d'un funambule, il atteint le haut du troisième tronçon, juché à près de 11 mètres de hauteur sur une échelle posée en équilibre au-dessus du vide, et dont les montants accusent une flexion inquiétante ! Il se dresse pourtant, mais en vain ; quelques centimètres lui manquent pour atteindre le rebord de la plate-forme sommitale... C'est finalement François Simond qui trouvera la solution par un lancer de corde – technique qui consiste à se hisser à la force des poignets le long d'une corde lestée, lancée préalablement par un membre de la cordée par-dessus le sommet – et une traversée en versant nord.

Guide de Dent puis de Mummery, le Suisse Alexandre Burgener était une force de la nature. A madame Mummery aux prises avec un passage délicat, il déclara : «Allez-y, madame, de là où je suis je pourrais retenir une vache !»

Piolet utilisé à la fin du siècle dernier. Le piolet est encore long et encombrant. A cette époque, Joseph Vallot écrit : «Dans les rochers, le piolet n'est, le plus souvent, qu'un embarras.»

Voici enfin le sommet... et le piolet de Mummery !

Le retour à Chamonix est euphorique quoique l'*Annuaire du Club alpin français* de 1885 relate ironiquement cette première française :
«Henri Dunod donne un compte rendu fort intéressant du mois qu'il a passé à assiéger l'aiguille des Charmoz (qu'il nomme très improprement aiguille du Grépon) ayant perpétuellement comme point de mire le piolet de M. Mummery, et ce jusqu'à l'ultime tentative du 2 septembre 1885.»

Quelque temps plus tard, Mummery répétera l'ascension, et constatera que son piolet a bien disparu ; mais, lorsque François Simond se présente pour l'échanger contre la récompense, il répond :
– Trop tard ! La promesse n'est plus valable...

À un demi-siècle d'intervalle, François Dunod, fils aîné d'Henri, recevra de l'Alpine Club une lettre fort aimable, demandant la restitution du piolet pour son musée. «Trop tard..., répondra poliment François Dunod, Mummery n'ayant pas respecté ses engagements, le piolet restera en France.»

Il y est toujours...

Saussure avait utilisé des crampons rudimentaires pour aller au mont Blanc, mais c'est seulement un siècle plus tard que les alpinistes s'en serviront régulièrement dans les ascensions glaciaires et neigeuses. Les crampons à dix pointes ainsi que les chaussures cloutées datent du début du siècle.

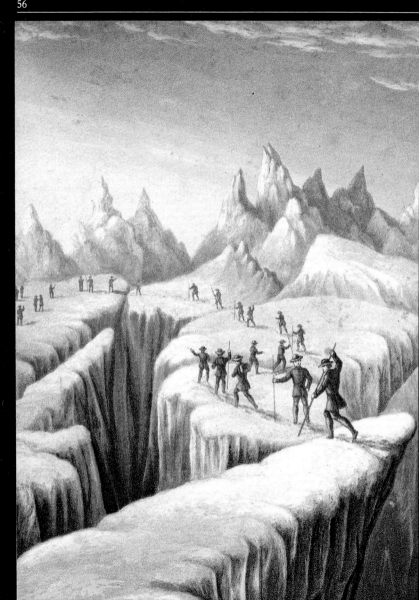

Le glacier du Taconnaz

Ces gravures de l'Anglais Baxter ont pris leur inspiration dans les dessins fantaisistes d'un autre Anglais, MacGregor, qui avait fait lui-même cette ascension la même année (1853) avec Albert Smyth, un journaliste anglais. Le point de rencontre entre les glaciers des Bossons et du Taconnaz s'appelle la Jonction : compte tenu des pressions énormes exercées par les masses de glace, ce passage est très tourmenté et le paysage de cette gravure à peine exagéré. La région du Mont-Blanc groupe au total environ 120 kilomètres carrés de glaces sur une superficie générale de 450 pour toutes les Alpes françaises. Certains glaciers sont suspendus et s'écroulent en avalanches le long des parois ; d'autres recouvrent un sommet et prennent la forme de calottes glaciaires. Les plus importants ont d'immenses cirques d'alimentation où s'accumulent les neiges qui se transforment peu à peu et la glace s'écoule à la manière d'un fleuve, à une vitesse toutefois beaucoup plus lente et en fonction de la pente, de l'épaisseur de la masse de glace. Ce mouvement des glaciers est connu depuis le début du XIXe siècle.
Mis à part «l'accident» représenté au premier plan, cette partie de l'ascension réellement faite par MacGregor et Albert Smyth s'est bien terminée.

Départ des Grands Mulets

Au premier plan de cette gravure qui évoque un paysage lunaire, un personnage sonde la glace avec l'extrémité d'un long bâton. Il s'apprête en effet à franchir une crevasse en empruntant un pont de neige, c'est-à-dire un bouchon de neige plus ou moins épais reliant les deux lèvres de la crevasse. Aujourd'hui encore la technique de progression sur glacier est restée la même et les alpinistes ne s'engagent sur les ponts de neige qu'après les avoir soigneusement sondés. Mais les alpinistes d'aujourd'hui sont encordés et ils franchissent les crevasses chacun leur tour. A la fin de l'été, la traversée des glaciers devient plus difficile et plus dangereuse car la neige ayant fondu, les crevasses sont plus ouvertes et les ponts plus fragiles.

Le mur de la Côte

C'était la dernière partie de l'itinéraire classique des Grands Mulets, seul connu en 1850. C'était également le passage le plus difficile de l'ascension : sans l'aide de ses guides, Albert Smyth aurait certainement renoncé à quelques centaines de mètres du sommet, et le souvenir qu'il en a gardé n'a rien d'encourageant :
« Si votre pied glisse, si votre bâton perd son point d'appui, vous êtes perdu sans ressource ; lancé avec la rapidité de l'éclair, sur une pente de glace, votre corps irait se briser dans un horrible gouffre où les regards de l'homme ne pénètrent jamais. »
A son retour du Mont-Blanc, Albert Smyth, journaliste anglais tout ce qu'il y a de plus excentrique, loue une immense salle de spectacle à Londres, l'Egyptian Hall, et y fera une extravagante conférence avec projection lumineuse de dessins, musique et décors, sur son expédition et ses nombreux dangers. Le succès de ce spectacle est considérable. Smyth est mandé par la reine Victoria, et va jusqu'au palais de Windsor lui présenter son «numéro» sur le Mont-Blanc. Il n'hésite pas à enjoliver, améliore les décors et fait même venir son guide français, François Favret, et des chiens du Saint-Bernard !

Le sommet du mont Blanc

Il domine tout l'arc alpin :
au nord, Chamonix, les
aiguilles Rouges, Genève.
Au sud, Courmayeur
et l'Italie.
A l'est, la Suisse et le Cervin.
A l'ouest, l'aiguille de
Bionnassay, la vallée des
Contamines, la France.
Par beau temps,
les voyageurs découvraient
ce panorama unique, et
s'empressaient, dès leur
retour à Chamonix,
d'en faire un croquis aussi
exact que possible.
Les premières photographies
du mont Blanc ne seront
réalisées qu'en 1859.
La «première ascension
photographique du
sommet du mont Blanc»
eut lieu en juillet 1861 avec
Charles Bisson de la
maison Bisson frères, et
Auguste Balmat, dont
c'était la douzième
ascension. Les frères
Bisson travaillaient avec
des plaques de verre
sensibilisées au collodion,
qui leur permettaient
d'obtenir successivement
une image négative et de
nombreuses épreuves sur
papier. Le matériel
emporté pour l'expédition
était très volumineux.

En septembre 1838, une seule femme est parvenue au sommet du mont Blanc : Marie Paradis, une paysanne de Chamonix que ses amis guides ont emmenée presque de force une trentaine d'années auparavant.
La surprise est grande à Chamonix lorsque arrive Henriette d'Angeville, annonçant son projet de gravir le mont Blanc ! Mais personne ne se moque de Mlle d'Angeville : elle a préparé son ascension comme aucun alpiniste ne l'avait jamais fait.

CHAPITRE III
LES DAMES DU MONT BLANC

Les dames, embarrassées par leur toilette élégante, se sont aventurées en haute montagne longtemps après les hommes. Pourtant, dès le milieu du siècle dernier, les plus intrépides ont emboîté le pas aux meilleurs alpinistes.

D'abord elle a consulté son médecin, le Dr Coindet. «Les jours précédant l'expédition, lui a-t-il recommandé, évitez de fatiguer votre corps par mille courses de détails, et votre esprit par des préoccupations. Nourrissez-vous de façon légère, rafraîchissante et substantielle. Ne buvez pas de vin, mais du thé bien chaud, de l'eau blanchie avec du sirop d'orgeat ou du capillaire. Si le froid est très vif et la fatigue très grande, prenez, dans un verre d'eau sucrée, une cuillerée ou deux d'excellente eau-de-vie. Si la respiration devient difficile, ralentissez le pas et arrêtez-vous fréquemment, ne prononcez pas une parole et ne faites que des mouvements strictement nécessaires. Enfin, conclut le Dr Coindet, si l'oppression amenait un crachement de sang un peu fort, alors il vous faudrait renoncer à l'entreprise.»

Après avoir soigneusement noté ces recommandations,. Mlle d'Angeville s'est procuré tous les livres parus sur l'ascension du mont Blanc (une dizaine à l'époque...) et les a lus d'un bout à l'autre, certains même plusieurs fois, mais toujours en cachette car, autour d'elle, sa famille et ses amis trouvent que son idée n'est pas raisonnable. Elle a beau leur expliquer que si des hommes ont réussi l'ascension, une femme peut y arriver, on lui répond que son projet n'est qu'«une petite vanité féminine à satisfaire et une grande fatigue à éprouver sans aucune satisfaction que le plaisir d'admirer en grelottant un panorama beau dans son étendue, mais par là même, vague dans ses lointains et rarement assez net pour satisfaire le voyageur». Mais Henriette d'Angeville est têtue et ne se laisse pas décourager. «Le projet est là, se dit-elle, il a poussé de longues racines; il n'est pas au nombre de ceux qu'on peut changer.» Et toujours en cachette, elle prépare son équipement. D'abord sa tenue: il lui faut un vêtement chaud, solide, confortable et... convenable, car les dames à cette époque ne se promènent pas en pantalon; cela ferait un vrai scandale, aussi imagine-t-elle un étrange

Henriette d'Angeville était décidée à conquérir le mont Blanc... son «fiancé». Insensible à toutes les mises en garde, elle prépara soigneusement son expédition, dessinant elle-même son costume d'ascensionniste, choisissant ses guides. Puis, relevant les pans de sa robe, elle surmonta courageusement toutes les difficultés avant de parvenir au sommet.

habit composé d'un pantalon bouffant, style zouave, et d'une ample jupe, le tout en étoffe écossaise doublée d'un drap de molleton. Elle confectionne également un masque en velours noir très léger, avec des lunettes bleu foncé pour se protéger les yeux. Elle emporte également d'autres accessoires qu'elle juge indispensables, comme un grand cabas «pour mettre les menus objets qu'on veut avoir sous la main tout de suite», un petit miroir «pour mettre son bonnet droit», un immense éventail «pour se faire donner de l'air», un très petit «pour s'en donner soi-même», un calepin et une demi-douzaine de crayons taillés aux deux bouts, un oreiller gonflable (en gomme élastique), sans oublier une excellente longue-vue «pour se donner le plaisir de lorgner ceux qui vous lorgnent...»

A mi-chemin sur la route du mont Blanc, les rochers des Grands Mulets constituaient une étape traditionnelle de l'ascension. La soirée généralement animée et la nuit souvent courte faisaient partie du cérémonial quasi immuable du «voyage à la cime du mont Blanc».

Henriette d'Angeville, la «fiancée du mont Blanc»

La voilà prête à rejoindre son «fiancé» le mont Blanc! «Il me tardait de célébrer mes fiançailles, dira-t-elle plus tard, de l'épouser par le plus radieux soleil et de m'enivrer des grands et puissants souvenirs que je rapportai de ces jours, de cette heure délicieuse pendant laquelle je reposai sur son sommet [...] Quel bonheur de n'être éprise que de la tête et d'un amant glacé!»

Évidemment, une telle déclaration d'amour suscitera quelques moqueries du genre: «Mlle d'Angeville est une vieille folle et une insupportable blagueuse.» Mais rien n'arrêtera plus les élans de la «fiancée du mont Blanc»: ni les moqueries ni les menaces. Après une nuit à Sallanches, elle arrive à Chamonix pour constater avec jubilation que le temps est au beau fixe: «Pas la plus petite vapeur entre nos regards et la cime convoitée.» Elle recrute six guides, pas plus car elle estime que c'est déjà bien assez de témoins des «changements de toilette», se rend à l'église pour une ultime prière assortie d'une promesse de ne pas oublier les pauvres à son retour. Elle aimerait partir dès le lendemain matin, mais le lendemain est un dimanche et les guides refusent de partir; elle se met donc en route le 3 septembre à quatre heures et demie du matin, par une belle nuit pleine d'étoiles.

Le soir, elle couche aux Grands Mulets; elle a tellement froid qu'elle ne ferme pas l'œil de la nuit. Dès l'aube, le lendemain, elle est pourtant debout, le moral intact. A six heures moins le quart, elle s'arrête au Grand Plateau pour manger quelque chose, mais elle n'a pas

LE BLANC «FIANCÉ» D'HENRIETTE 69

d'appétit ; alors elle se remet en route. Au Corridor,
elle se sent fiévreuse, elle a soif et tombe de sommeil ; elle
s'assied, reprend son souffle et dort quelques instants.
Au mur de la Côte, elle est comme engourdie, et son
cœur bat si vite qu'elle doit s'arrêter tous les dix pas.
Elle avance un peu comme un automate, les yeux à moitié
fermés, avec une seule pensée : continuer, marcher encore.
Là commence une horrible lutte contre le sommeil et les
palpitations. Elle entend vaguement ses guides parler
autour d'elle :
– Cela se gâte, la voilà qui dort ! Si on la portait ?
– C'est bien la dernière fois que je mène une dame au
mont Blanc !

Alors elle ouvre grand les yeux et supplie ses guides :
– Si je meurs avant d'avoir atteint la cime, promettez-moi
d'y porter mon corps et de l'ensevelir là-haut !

Les guides la rassurent :
– Soyez tranquille, mademoiselle,
vous irez, morte ou vivante !

Enfin, le sommet se profile, à quelques dizaines de mètres, et tout à coup ses palpitations, sa fièvre, son envie de dormir disparaissent comme par enchantement. Elle plante son grand bâton à corne de chamois et se fait porter par les guides pour être encore plus haute que le mont Blanc !

Un pigeon voyageur pour annoncer le succès de la dame !

Admiratif, Jean-Marie Couttet, qui en est pourtant à sa dixième ascension du mont Blanc, demande à sa cliente la permission de... l'embrasser ! Elle accepte «la bonne grosse embrassade bien consciencieuse», puis elle lâche un pigeon chargé d'un message annonçant son succès. Enfin elle s'installe pour écrire à ses amis !

Au bout d'une heure, les guides morts de froid commencent à s'impatienter. Elle a finalement pitié d'eux. «Certains avaient les yeux en si vive souffrance qu'il eût été inhumain de les retenir à ce vent glacé ; deux autres étaient violets, un quatrième avait les lèvres éclatées et saignantes, un des porteurs grelottait...» Après une dernière promenade autour du sommet, elle accepte enfin de redescendre.

Le retour à Chamonix n'est plus alors qu'une longue récompense : descente «en ramasse» (glissade sur les talons) sous l'œil admiratif des guides, perte du fameux bâton à corne de chamois, heureusement retrouvé quelques instants plus tard, bivouac aux Grands Mulets et arrivée triomphale à Chamonix.

La « fiancée du mont Blanc » doit serrer des centaines de mains, signer des autographes, raconter ses aventures, mais elle aime cela : «On *se m'arrache* et, comme je ne suis pas insensible à la gloriette, tout cela me chatouille agréablement, je l'avoue, ce côté un peu faible qu'on appelle l'amour-propre...»

Le soir, on organise un grand dîner en son honneur, avec une invitée surprise : Marie Paradis,

Marie Paradis était une femme du pays, une humble paysanne. Emmenée presque malgré elle par ses amis guides à cime du mont Blanc, c'est elle véritablement la première femme au sommet. Dans tout le pays, on l'appelle désormais «la Paradisa». Néanmoins, son ascension n'a eu que peu de retentissement comparé à celle de Mademoiselle d'Angeville trente ans plus tard.

MARIE A VU LA CIME

la paysanne de Chamonix qui l'a devancée au sommet du mont Blanc, trente ans auparavant. Et «la Marie», après avoir bu deux ou trois verres de bon vin, commence à poser quelques questions dans son patois chamoniard, aux guides d'abord :
— A-t-elle bien soufflé, ne l'avez-vous pas portée ?
Puis à Henriette d'Angeville :
— Ma mie, où avez-vous donc été élevée pour être si robuste ?
Et, comme on lui demande comment s'est passée son ascension, la Marie raconte :
— Les guides m'ont dit : «Tu es une bonne fille qui a besoin de gagner ; viens avec nous, nous te mènerons à la cime, et ensuite tous les étrangers viendront te voir et te donneront des étrennes, tu verras.» Et puis j'y fus, et puis voilà...
— Et là-haut, qu'avez-vous vu ? lui demande-t-on.

Les rares dames du siècle dernier se contentaient généralement d'une ascension facile comme celle du Buet (en haut). Mais Henriette d'Angeville (en bas), elle, voulait être «la femme la plus haute du monde».

– Bah ! C'était tout blanc où j'étais, et tout noir où je regardais... J'étais fatiguée ; ils m'ont tirée, traînée, portée, au lieu que la dame, elle y a été toute seule sur ses jambes !

Et de conclure, admirative, après avoir vidé son verre :
– Dieu ! elle est robuste, la femelle !

L'impératrice Eugénie affronte la mer de Glace à dos de mulet

La Savoie n'a pas toujours été française et, mis à part une courte période pendant la Révolution, elle n'a même jamais été département français avant 1860 – date de son rattachement définitif à la République française (après un référendum). Pour fêter l'événement, des guides escaladèrent spécialement le mont Blanc et le coiffèrent d'un drapeau français. Un mois plus tard – le 3 septembre 1860 –, l'empereur Napoléon III et son épouse Eugénie visitèrent Chamonix et firent l'excursion au Montenvers. Cent vingt ans après celle des explorateurs anglais Windham et Pococke, cette nouvelle excursion extraordinaire aura elle aussi un grand retentissement, non seulement parce qu'elle est « impériale », mais surtout parce que la première dame de France n'a pas craint en cette occasion de voyager sur un mulet et d'affronter la fatigue et les dangers, modestes, mais tout de même, d'une randonnée sur la mer de Glace.

C'est le 4 septembre, à six heures moins le quart du matin, que se met en route l'impératrice. La veille, malgré la pluie, elle a déjà visité le glacier des Bossons, mais cette fois le ciel est clair et la journée s'annonce belle. Les mulets, plus d'une centaine, sont tous prêts, sellés, harnachés ; les officiels également, les guides – ils sont soixante ! – répartis tout au long de la caravane, avec leur corde en chanvre bien roulée autour de l'épaule, les journalistes et deux photographes – les frères Bisson – qui viennent tout juste de réussir la première ascension photographique au sommet du mont Blanc et qui chargent leur encombrant matériel ; l'impératrice, enfin, entourée de ses dames d'honneur, élégantes dans leur longue jupe à crinoline...

Le sentier qui mène au Montenvers zigzague à travers des prairies d'abord, puis au milieu de gros blocs de rocher, des sapins, des mélèzes, des bouleaux, et des bruyères à fleurs roses.

Deux heures et demie plus tard, le cortège arrive à

L'IMPÉRATRICE EN MER DE GLACE

l'auberge du Montenvers, puis l'impératrice prend son long bâton à corne de chamois – le même que celui d'Henriette d'Angeville – et, suivant immédiatement l'empereur, elle descend vers la mer de Glace, aidée par un guide ; les autres suivent, également assistés par des guides. On imagine facilement l'inquiétude de ces derniers à l'idée que l'impératrice puisse glisser, se tordre une cheville, voire tomber dans l'une de ces immenses crevasses aux lèvres roses, à la langue bleue, et à la gorge noire... Ils sont maintenant plusieurs à l'entourer, à l'aider, à la soutenir même, lorsque le passage se rétrécit.

Le 24 mars 1860, la population de la Savoie est invitée à se prononcer par un plébiscite sur sa volonté ou non d'être rattachée à la France. Résultats du plébiscite : 130 533 «oui», 235 «non», et 5 160 abstentions. Pour Chamonix, il y a eu 601 «oui», 0 «non» et 11 abstentions. L'union à la France étant réalisée, les Chamoniards manifestèrent leur enthousiasme en envoyant une troupe de guides planter le drapeau tricolore au sommet du mont Blanc, le 6 juillet 1860.

Le rattachement historique de la Savoie à la France fut fêté avec un faste exceptionnel. L'empereur Napoléon III et son épouse visitèrent à cette occasion la vallée de Chamonix et firent même l'excursion de la mer de Glace à dos de mulet.

LES DRAPERIES DU GLACIER OU BEAU COMME LA MER 75

Puis vient le moment de la photographie. Pendant que l'opérateur dissimulé sous une large étoffe noire examine longuement le contenu de sa boîte en bois vernis montée sur un trépied, chacun prend sa place et s'apprête à ne plus bouger, car, en 1860, prendre une photographie est presque aussi long que dire une messe ; c'est en tout cas aussi solennel. D'ailleurs, l'impératrice finit par s'impatienter, elle demande si c'est bientôt fini ; alors le photographe, pour gagner du temps,

La mer de Glace est un des plus beaux glaciers du monde, même si depuis le siècle dernier, le glacier ayant considérablement reculé, les amoncellements de séracs et de crevasses sont moins impressionnants qu'autrefois. A l'époque on appelait «pirates» les guides qui faisaient traverser les glaciers sans l'autorisation d'exercer.

se relève et crie : – Vive l'empereur ! Vive l'impératrice !

Et, pendant que toute l'assistance reprend le vivat, le photographe accomplit son œuvre.

L'impératrice cueillera encore quelques fleurs – entre autres des arnicas – , puis elle remontera sur son mulet (en amazone), non sans avoir jeté un dernier regard de l'autre côté de la mer de Glace, vers la flèche rouge des Drus et la calotte blanche de l'aiguille Verte.

Une New-Yorkaise de quarante ans fête le mont Blanc au champagne

Après avoir connu successivement la royauté et l'empire, le mont Blanc est resté impassible durant les festivités napoléoniennes du Montenvers ; d'ailleurs, du haut de ses 4 807 mètres, il voit toutes ces choses avec une certaine distance. Sans doute a-t-il été davantage surpris par la visite que lui a rendue, cinq ans plus tard, Meta Brevoort, une Américaine de quarante ans.

Comme ses ancêtres, Meta Brevoort a du caractère. (Si, encore aujourd'hui, Broadway et la 11e Avenue ne sont pas droites, c'est parce que les Brevoort n'ont pas voulu vendre le terrain qu'ils possédaient en plein cœur de New York !) Lorsque, en septembre 1865, « tante Meta » arrive à Chamonix avec son neveu William Coolidge – jeune homme chétif auquel l'air des Alpes a été recommandé par ses médecins – , elle n'a pas l'intention de rester à son hôtel avec un ouvrage, ni même de visiter la mer de Glace. Non : elle veut gravir le mont Blanc, tout simplement...

Meta Brewoort, venue d'Amérique avec son neveu William Coolidge, s'est tout de suite prise de passion pour l'alpinisme. Avec les fameux guides Christian Almer père et fils, elle parcourra les Alpes de l'Oisan à l'Oberland en passant par le massif du Mont-Blanc et s'adjugera un nombre important de premières ascensions. De gauche à droite : Christian Almer père, William Coolidge, Meta Brevoort, Christian Almer fils. Au premier plan, Tshingel, la chienne de Coolidge, le plus prestigieux alpiniste à quatre pattes du siècle dernier.

PAYSAGE A L'AMÉRICAINE 77

Pendant que William, trop jeune pour l'accompagner, l'observe du bout de sa lorgnette, tante Meta relève les pans de sa longue jupe et donne à ses guides le signal du départ. La Jonction, les Grands Mulets, le Grand Plateau, le mur de la Côte cèdent les uns après les autres, jusqu'au sommet lui-même.

Mais cette fois point de pigeon, point de lettre, point de soupir : tante Meta n'est pas la fiancée du mont Blanc, et c'est avec une bouteille de champagne qu'elle fête le succès de son ascension, sous l'œil impatient de son neveu, toujours en faction à la Flégère. Puis elle donne la main à ses guides et danse un quadrille comme au Far West ; enfin, et parce qu'elle est une fervente républicaine, elle entonne *la Marseillaise* et redescend...

Quatre ans plus tard, William aura la permission de gravir à son tour le mont Blanc ; pour faire bonne mesure, il ira sur le versant opposé, réussissant la deuxième ascension de l'éperon de la Brenva.

Contre le froid, le gel, la neige : la première ascension hivernale du mont Blanc

Au mois de décembre 1875, la tante et le neveu se retrouvent à Chamonix, avec cette fois un très grand projet : la première ascension hivernale du mont Blanc ! Personne, en effet, n'a réussi jusqu'alors à braver le froid et la neige de l'hiver pour atteindre le sommet ; personne, ni homme ni femme.

Après s'être «entraînés» au Wetterhorn et à la Jungfrau (en Suisse), dont ils ont réussi l'année précédente les premières ascensions hivernales, tante Meta et son neveu font une première tentative le 27 décembre 1875, avec leurs guides suisses habituels, Christian Almer père et fils ; mais la couche de neige est trop épaisse, et tante Meta fait demi-tour. C'est au cours de la descente que se produit le coup de théâtre : à Pierre pointue, sa caravane en croise une autre – qui monte –, dans laquelle se trouve également une femme !

Isabella Stratton est anglaise et, sous la conduite de son guide le Chamoniard Jean Charlet, avec qui elle a déjà réussi la première ascension de l'aiguille du Moine, elle est en route pour le mont Blanc, elle aussi !

Tante Meta ne se décourage pas pour autant : elle est persuadée que la couche de neige est trop épaisse et que les autres ne passeront pas non plus. Elle continue donc la

Cette alpiniste de la fin du XIXᵉ siècle pose gracieusement au bord d'une crevasse dans une tenue aussi caractéristique qu'adéquate.

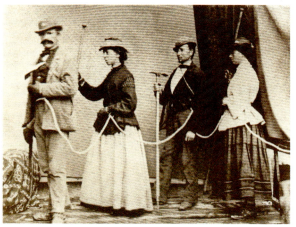

Miss Emmeline Lloyd, (à gauche), amie d'Isabella Straton, fut elle aussi parmi les quelques femmes intrépides qui ont osé gravir le mont Blanc en robe longue. C'est seulement beaucoup plus tard, au début de ce siècle, que les femmes alpinistes oseront se vêtir comme les hommes.
Entre-temps, les jeunes filles adopteront la méthode du «on and off», consistant à changer de tenue au refuge, c'est-à-dire mettre le pantalon pour grimper puis remettre une robe avant de redescendre dans la vallée. Derrière Emmeline, le guide Jean Charlet.

descente sur Chamonix... et elle a raison, car Isabella ne dépasse pas les Grands Mulets.

Infatigable, tante Meta repart dès le 3 janvier suivant. Sans succès. Le 7, elle se remet en route et revient encore bredouille. Quatre jours plus tard, au cours d'une nouvelle tentative, elle passe la nuit au Grand Plateau mais, chassée par une violente tempête, redescend de nouveau sans avoir atteint le sommet du mont Blanc. Cette fois, elle renonce, après quatre tentatives, cinq nuits aux Grands Mulets et une sur la neige du Grand Plateau ; à plus de cinquante ans !...

Alors, les hommes entrent dans la compétition. Gabriel Loppé – un peintre français qui a déjà gravi sept fois le mont Blanc – et son beau-frère James Eccles, l'un des meilleurs alpinistes britanniques. Le 20 janvier, après une nuit aux Grand Mulets, Eccles et Loppé se dirigent vers le Grand Plateau ; mais le vent souffle si fort qu'ils ont du mal à se tenir debout : ils renoncent à leur tour.

Isabella Statton vainc le mont Blanc... et épouse son guide

Après tant d'échecs, on imagine l'agitation qui règne à Chamonix lorsque, le 28 janvier au matin, Isabella Stratton quitte l'*Hôtel des Alpes* pour une nouvelle tentative. Elle est accompagnée par les guides Jean Charlet, d'Argentière, Sylvain Couttet, de Chamonix, et les porteurs Michel Balmat et Gaspard Simond. Profitant

AU NEZ ET A LA BARBE DES HOMMES ! 79

des traces de l'expédition précédente, la caravane atteint les Grands Mulets le soir même, vers cinq heures et demie. Le lendemain, départ à cinq heures du matin par beau temps et température fraîche (−11 °C); en dépit du vent, toujours violent, l'itinéraire des Bosses est préféré à celui des rochers Rouges, les traces de Loppé et d'Eccles ayant disparu depuis les Grands Mulets.

Au Grand Plateau, un pont de neige cède, et Simond tombe dans une crevasse. Plus de peur que de mal, mais on prend du retard, et à deux heures et demie, la «voyageuse», craignant d'être surprise par la nuit, donne le signal du retour aux Grands Mulets.

Nouveau départ, le surlendemain, 31 janvier, à 3 h 40 du matin ; le froid est vif, le vent glacial et, en arrivant à la première bosse, il faut s'arrêter pour frictionner Miss Stratton.

Charlet, impressionné par le courage de sa cliente, redouble d'énergie et, à 3 heures de l'après-midi, il parvient enfin à la cime du mont Blanc.

Moment de «suprême satisfaction», d'émotion également : le regard du guide déborde d'une fierté légitime, celui d'Isabella trahit plus que de l'admiration...

L'accueil est à la hauteur de l'exploit, et tout Chamonix, fanfare en tête, acclame cette nouvelle célébrité qui prouve aux montagnards que l'audace et le courage se conjuguent également au féminin.

«Mademoiselle, lui déclare le maire de Chamonix, vous venez d'accomplir un fait inouï, que beaucoup de touristes ont rêvé, mais dont les efforts n'aboutirent qu'à la défection. Douée d'un caractère héroïque, vous avez dompté le colosse des Alpes contre toute attente, en plein hiver. Par votre brillant succès, vous laissez bien loin derrière vous la courageuse et triomphante demoiselle d'Angeville, la première touriste de votre sexe qui ait surmonté les obstacles qu'opposent les périls d'une ascension si hasardée. Mlle d'Angeville a joui de la faveur de la belle saison, tandis que vous, mademoiselle, vous avez bravé et affronté les rudes frimas de l'hiver. Par la présente, nous venons déposer à vos pieds le juste tribut de nos éloges et de nos félicitations.»

Quelque temps plus tard, Jean Charlet réalisera une autre conquête : celle d'Isabella... Le mariage sera célébré le 29 août suivant à Argentière, et Gaspard Simond, remis de ses émotions, en sera le témoin.

Isabella Straton fut la troisième femme à s'illustrer au mont Blanc, après Henriette d'Angeville et Meta Brevoort. Mais cette fois en hiver. Avec Jean Charlet, son guide (elle l'épousera quelques mois plus tard), elle réussit la première ascension hivernale du mont Blanc, en 1876, au nez et à la barbe des meilleurs alpinistes !

Si les montagnes avaient été dessinées par l'architecte des pharaons, elles auraient la forme de pyramides parfaites avec une base carrée, un sommet pointu, des faces triangulaires et des arêtes rectilignes... Heureusement la nature, qui n'aime ni les lignes tout à fait droites, ni la symétrie rigoureuse, a doté chaque montagne d'une forme originale et complexe, d'une silhouette personnelle – un visage – qui la distingue de toutes les autres.

CHAPITRE IV
LES GRANDES VOIES DU MONT BLANC

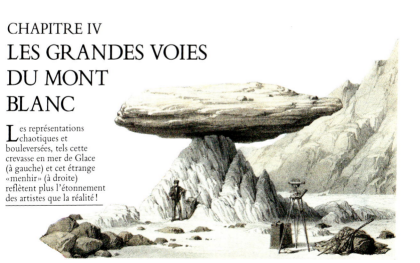

Les représentations chaotiques et bouleversées, tels cette crevasse en mer de Glace (à gauche) et cet étrange «menhir» (à droite) reflètent plus l'étonnement des artistes que la réalité !

D'un versant à l'autre, une même montagne présente généralement des aspects très différents : abrupte d'un côté, en pente douce de l'autre, en neige ou rocheuse, au nord donc à l'ombre, ou au sud, c'est-à-dire ensoleillée, etc. Naturellement, les hommes ont d'abord gravi les faces les moins abruptes, celles qui suivent la ligne de moins grande pente, et, pendant près d'un siècle, les alpinistes dont l'unique préoccupation était d'atteindre le sommet se sont contentés de parcourir les «voies normales», jusqu'au jour où ce jeu a cessé de les amuser. Alors, ils en changèrent les règles : pour redonner à l'aventure toute sa dimension et à l'exploit toute sa valeur, ils décidèrent que le sommet

Après l'exploration du versant nord du mont Blanc c'est celle du versant opposé qui attira les alpinistes. Plus abrupte la face italienne du mont Blanc (en haut), qu'on appelle l' «envers du mont Blanc», recèle de plus belles voies d'ascension : des courses de rocher pur, des courses de glace et de neige, des courses «mixtes».

DE NOUVEAUX DÉFIS 83

n'avait plus guère d'importance et que désormais c'était
davantage la voie d'ascension, c'est-à-dire la manière de
l'atteindre, qui comptait. Ils inventèrent, pour ce faire,
mille façons originales de gravir une même montagne et
tracèrent des itinéraires de plus en plus difficiles sur toutes
les faces, les arêtes, les cheminées, les couloirs et les cols
qui s'offraient à eux.

Le mont Blanc « à l'envers » par l'éperon de la Brenva

Dès 1865, quatre Anglais décident de gravir le mont Blanc
« à l'envers », c'est-à-dire par le versant italien (sud),
beaucoup plus raide que le versant chamoniard (nord).

84   LES GRANDES VOIES DU MONT BLANC

Ils s'appellent G.S. Mathews, A.W. Moore, Walker père et fils et sont accompagnés par deux guides suisses, les cousins Anderegg. Ils font donc le tour du mont Blanc et remontent un éperon gigantesque, haut de 800 mètres, situé sur la droite de la face : l'éperon de la Brenva. A cette époque, les crampons ne sont pas en usage, les broches à glace n'existent pas, les cordes de chanvre (plus lourdes et moins solides que les cordes de polyester d'aujourd'hui) ont une fâcheuse tendance à se gorger d'eau, puis à geler dès que le soleil disparaît, les piolets ressemblent à des pioches avec un manche démesurément long, les vêtements ne sont ni aussi pratiques ni aussi chauds que maintenant. A cette époque «préhistorique», des alpinistes osent abandonner la voie normale du mont Blanc pour se risquer dans une autre, à l'évidence plus périlleuse. Et l'aventure aurait sans doute mal tourné sans l'audace du jeune Jakob Anderegg qui réussit, en tête de cordée, à surmonter le passage le plus difficile de l'ascension : une fine arête de neige, si fine que, la taille des marches devenant impossible, il doit franchir les derniers mètres assis à califourchon ! Conscient d'avoir pris de grands risques, Adolphus Moore déconseille l'ascension à ses amis :
– La voie de la Brenva ne présente que peu d'avantages pratiques.
Il ajoute cependant :
– Elle a tout de même un mérite : celui de la rectitude, et puis, elle est tellement plus intéressante et excitante que la voie normale !
Les conseils de prudence de Moore restent lettre morte, car les alpinistes se moquent bien des «avantages pratiques» ; en revanche, ils ne peuvent résister à la perspective d'une aventure «intéressante et excitante»... Et, malgré les recommandations de Moore, l'éperon de la Brenva deviendra la voie classique de la face sud du mont Blanc jusqu'au jour où deux Anglais (encore !) trouveront plus «excitant» d'ouvrir un nouvel itinéraire dans cette même face plutôt que de gravir à leur tour l'éperon de la Brenva.

La Sentinelle rouge

En septembre 1927, Franck Smythe, journaliste, et Graham Browne, professeur de médecine, font connaissance.
Depuis le refuge du Montenvers, ils décident d'aller

L'évolution du piolet : de la hache servant à tailler la glace au piolet moderne à manche court, en passant par la pioche, au manche très long.

L'éperon de la Brenva dans sa partie la plus périlleuse : cette arête neigeuse a été franchie pour la première fois par une cordée anglo-suisse le 15 juillet 1865.

LA RECHERCHE DU DANGER 85

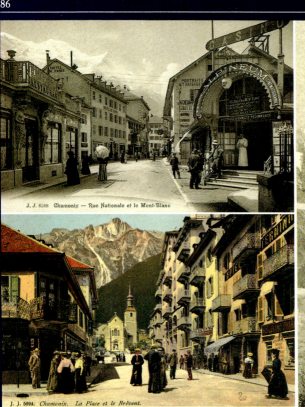

J. J. 8588. Chamonix. — Rue Nationale et le Mont-Blanc

J. J. 5094. *Chamonix. La Place et le Brévent.*
Collection Artistique

2625. - CHAMONIX. - Caravane en route pour la Mer de glace

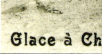

Glace à Ch

Touristes en chaise cannée

Du «Bourg du Prieuré» au Chamonix 1900, la distance est longue et la transformation complète. Le tourisme apparaît à Chamonix vers le milieu du XVIIIe siècle. Mais il connaît son véritable essor tout au long du XIXe siècle. Mille cinq cents visiteurs en 1800, cinq mille en 1850, pour une population fixe de 1 925 habitants en 1800, et de 2 730 en 1900 (Chamonix seulement). De cet afflux de touristes naissent les hôtels et l'on peut grâce aux cartes postales qui sont nées presque avec le siècle, se plonger dans l'atmosphère du Chamonix à la Belle Époque. Les dames portent ombrelle et robe longue (elles n'auront droit au pantalon qu'à partir de 1920) pour sillonner les rues de Chamonix ou visiter la mer de Glace. A cette époque, les femmes sont très peu nombreuses à s'aventurer en haute montagne et la plupart du temps elles se contentent d'observer à travers une longue-vue les exploits de leurs maris. Aujourd'hui, en revanche, il existe des femmes guides, et les voies les plus difficiles du Mont-Blanc ont été gravies par des femmes.

Transports en commun

Avant la construction du chemin de fer du Montenvers (inauguré le 2 août 1908), l'industrie des mulets était très florissante à Chamonix : un nombre important de touristes avaient recours à ce moyen de locomotion traditionnel pour aller admirer la mer de Glace. Les longues caravanes de mulets constituaient un spectacle très pittoresque. Le service était réglementé aussi strictement que celui des guides «dans le but de garantir la sécurité des voyageurs». Les mulets devaient subir un examen sévère qui constituait l'attraction annuelle. Ils étaient rassemblés sur la place de l'église et défilaient devant une commission composée de «personnes compétentes et impartiales», telles que le juge de paix de Saint-Gervais, un vétérinaire, l'intendant, le guide-chef, etc. Chaque animal était essayé par un cavalier et son harnachement vérifié par un sellier. Tout mulet poussif ou ombrageux était impitoyablement renvoyé à l'écurie de son propriétaire, tandis que les heureux gagnants pouvaient attendre les touristes. Avant de devenir guides, les jeunes Chamoniards commençaient généralement par être «retourneurs», c'est-à-dire qu'ils assuraient le retour à Chamonix des mulets dont on n'avait pas besoin pour la descente.
Aujourd'hui, le train électrique du Montenvers transporte plusieurs dizaines de milliers de touristes dans une même journée.

815. CHAMONIX.

A. Gardet — Annecy

sommet du Brévent. La table d'orientation

Le Brévent
en plein vent

Depuis le sommet du
Brévent, on découvre la
face «historique» du
Mont-Blanc – la face
nord – par laquelle les
premiers ascensionnistes
ont réussi à gagner le
sommet. C'est à cet
endroit précis qu'en 1760,
le jeune Horace Bénédict
de Saussure eut pour la
première fois l'idée d'en
faire l'ascension. Pour la
plupart des touristes,
particulièrement en 1900,
le Brévent est un but de
promenade car il domine
la vallée de Chamonix de
1 500 mètres, auxquels il
faudrait encore ajouter une
fois et demie cette hauteur
pour être au niveau du
dôme neigeux du Mont-
Blanc. Cela donne une idée
très nette de l'immensité
du massif que l'on peut
admirer près de la table
d'orientation dessinée par
Henri Vallot. Un très joli
pavillon y a été construit
en 1886, malheureusement
foudroyé presque aussitôt.
Reconstruit par la suite,
il fut à nouveau détruit
en 1920 par un incendie.

Cotillons simples et souliers plats

Pour une petite promenade sur les glaciers du Mont-Blanc (par exemple le glacier des Bossons ou la mer de Glace), point n'est besoin, en 1900, d'un équipement complet d'alpiniste : une simple canne ou un bâton suffisent. Quant aux chaussures, mieux vaut les munir de crampons. Or curieusement, leur usage partout très ancien (Saussure en possédait) a été perdu pendant plus d'un siècle, et en 1900, on commençait à peine à les redécouvrir. Mais après tout, s'ils sont indispensables sur les pentes de nevé, le sont-ils vraiment pour la photo ? Dès qu'il s'agissait d'une course de quelque importance, l'alpiniste se munissait en outre d'un carnet de notes, d'un crayon, d'un couteau avec tire-bouchon, de cartes, d'un baromètre, d'une boussole, de lunettes de glacier, d'une petite pharmacie de poche, d'une corde de longueur suffisante (25 mètres), d'une lanterne pliante avec bougie et allumettes, souvent d'un appareil photographique, et naturellement d'un piolet dans son porte-piolet passé au poignet. Le bagage, généralement un *Rücksack*, comprenait les vivres, la boisson et une lampe à alcool, d'un emploi d'ailleurs peu commode.

inspecter cette fameuse face sud du mont Blanc, persuadés qu'à gauche de l'éperon il y a un autre chemin. De fait, une ligne d'ascension paraît envisageable, à l'abri d'un gros saillant rocheux de protogine rouge : véritable sentinelle, ce rocher offre à Browne et Smythe un bivouac à l'abri des avalanches et des chutes de pierres. En signe de reconnaissance, ils lui dédient la voie d'ascension, la «Sentinelle rouge» – une voie superbe dont la conquête remplira d'admiration les meilleurs alpinistes. Totalement inconnus, les deux Anglais se sont en effet permis d'ouvrir une voie nouvelle, de grande envergure et de haute difficulté, sans guide et au premier essai! Mais les «meilleurs alpinistes» ne sont pas au bout de leur surprise, car, dès l'année suivante, les deux compères se retrouvent au bivouac de la Sentinelle rouge, à la recherche d'un nouvel itinéraire! Au cours de leur précédente ascension, ils ont en effet remarqué sur la gauche un éperon à l'architecture délicate, constitué d'une succession de côtes rocheuses et d'arêtes neigeuses, et ils ont pensé que peut-être... De nouveau, ils ont vu juste, et la logique de cette nouvelle voie leur paraît tellement évidente qu'ils ont du mal à comprendre comment, pendant plus de soixante ans, aucun alpiniste n'a eu l'idée d'ouvrir un itinéraire dans cette grande face entièrement vierge.

Voie logique, mais voie difficile. Même si, cette fois encore, Browne et Smythe réussissent du premier coup, il leur faut tailler de nombreuses marches dans la glace, surmonter des passages rocheux délicats, se frayer un chemin dans une neige épaisse et inconsistante, enrayer des chutes et se livrer à des exercices périlleux : au pied d'un dièdre infranchissable, Smythe essaie une première fois d'atteindre une bonne prise en se juchant (debout et avec des crampons!) sur les épaules de son camarade ; sans succès. Le deuxième essai se solde par une chute, ou plus exactement par une demi-chute : Smythe (toujours avec ses crampons) retombe à califourchon sur le dos de Browne, lui arrachant au passage ses poches et leur contenu, son gilet de cuir et un lambeau de peau!... Les rôles sont alors inversés ; maintenant c'est à Browne de labourer les épaules de son compagnon, mais sans plus de succès! Découragés, les deux hommes envisagent d'abandonner, lorsque, après un nouvel examen de la situation, ils découvrent une rigole de neige qui évite le dièdre récalcitrant ; c'est la fin des grosses difficultés, et la porte ouverte à un nouveau succès :

La montagne peut offrir des abris. Le nom de cette voie d'ascension, «Sentinelle rouge», vient d'un épisode au cours duquel Smythe et Browne purent trouver abri sous un énorme rocher rouge lors d'un éboulement.

la voie Major, considérée encore aujourd'hui comme l'une des plus belle voies du massif du Mont-Blanc.

Le professeur Browne récidive cinq ans plus tard, en ouvrant une troisième voie, la Poire, encore plus à gauche dans la même face! Mais, cette fois, ses compagnons sont deux guides suisses – Alexander Graven et Alexander Aufdenblatten – car entre-temps les deux hommes se sont brouillés: chacun prétend avoir eu l'idée de l'ascension, avoir trouvé l'itinéraire et avoir effectué le parcours en tête de cordée... Smythe, dans une lettre, ira même jusqu'à déclarer: «Browne était un alpiniste pitoyable, il ne savait pas même tenir son piolet et, lorsqu'il taillait des marches, il picorait la glace comme une vieille poule dans une basse-cour!»

Quatre alpinistes se disputent la face nord des Grandes Jorasses

Maintenant que Browne et Smythe ont transformé la face sud du mont Blanc en une carte routière, avec un réseau d'itinéraires presque aussi dense que celui de la région parisienne, que reste-t-il aux amateurs de premières dans le massif du Mont-Blanc?

Graham Browne (au centre) et Franck Smythe (à droite), les infatigables explorateurs du versant sud. Leur solidarité de cordée s'évanouira en plaine...

Pas grand-chose... ou plutôt de grandes choses, de très grandes choses même: les «derniers problèmes» c'est-à-dire les grandes faces nord, les plus hautes, les plus abruptes, les plus glaciales, celles dont on finit par se demander si, après tout, elles ne sont pas réellement impossibles... Mais rien n'attire davantage les alpinistes qu'une paroi réputée impossible...

Voilà pourquoi on s'agite beaucoup à Chamonix au début de l'été 1935, et tout particulièrement au pied de la face nord des Grandes Jorasses, le «dernier problème» du jour. Armand Charlet, le fameux guide d'Argentière – celui qui, le premier, a gravi l'aiguille Verte par le Mont-Blanc – en est à sa septième tentative; l'Allemand Heckmair, qui réussira trois ans plus tard la première ascension de la face nord de l'Eiger (Suisse), et l'Autrichien Kröner ont abandonné après deux essais infructueux; Welzenbach, le célèbre alpiniste allemand, auteur de l'ascension de la face nord des Grands Charmoz, s'est contenté d'un tour de piste, Brehm et Rittler ont trouvé la mort il y a quatre ans, et même Toni Schmid, allemand lui aussi, qui vient tout juste de s'adjuger avec son frère la première ascension de la face nord du Cervin, a été mis en échec.

Quant à Gervasutti, l'un des meilleurs Italiens, ses tentatives infructueuses ne l'ont pas découragé, bien au contraire ; il considère même que les autres doivent lui laisser le champ libre : «Si les Allemands, affirme-t-il, peuvent prétendre à la victoire pour avoir l'an passé rejoint le point le plus haut et résolu le problème central de la paroi, où trois de leurs meilleurs alpinistes ont été sacrifiés, je n'en ai pas moins un droit de priorité pour avoir, le premier, découvert la voie d'ascension.» Hélas! pour Gervasutti, les alpinistes circulent où bon leur semble, et il n'y a pas de priorité en montagne... Ainsi, lorsque, le 29 juin 1935, il arrive au refuge de Leschaux (au pied des Grandes Jorasses) pour une nouvelle tentative, deux Allemands l'ont devancé, partis la veille. Il est furieux et Renato Chabod, son compagnon, a bien du mal à le calmer, d'autant qu'au fil de la conversation le gardien du refuge leur apprend que deux autres cordées sont également dans la face : une française et une suisse! Et, pour couronner le tout, voilà encore deux Suisses qui arrivent, et pas n'importe lesquels : Raymond Lambert, le meilleur guide du moment, et Loulou Boulaz, sa cliente, également en route pour les Grandes Jorasses! Chabod

Spécialiste du cramponnage sur glace, Armand Charlet, d'Argentière, a ouvert de très belles voies glaciaires, l'aiguille Verte en particulier.

Peters et Meier (à gauche), Boulaz et Lambert (à droite) : les deux premiers sont vainqueurs de la course poursuite vers l'éperon Croz, «dernier problème» des Alpes, en 1935.

LA COURSE VERS L'ÉPERON CROZ 97

veut repartir : deux Allemands, deux Français et deux
Suisses dans la paroi, plus deux autres Suisses et deux
Italiens au pied, cela fait décidément trop de monde ! Mais
Gervasutti préfère attendre : peut-être que les autres
n'arriveront pas au sommet...

Justement, voilà les Français et les Suisses qui
rebroussent chemin ; il ne reste plus en course que les
Allemands Rudolf Peters et Martin Meier ; avec un peu de
chance, ces deux-là aussi vont abandonner.

Peters a déjà effectué une tentative l'année précédente,
mais il a été stoppé par le mauvais temps et Rudolf
Haringer, son compagnon, s'est tué ; Peters est redescendu
seul, dans la tempête. D'ailleurs, à Chamonix, personne ne
croit que Peters soit parvenu à 150 mètres du sommet,
comme il le prétend.

Giusto Gervasutti réussit à convaincre Chabod de se
lancer à la poursuite des Allemands. Lambert et sa cliente
décident de se joindre aux Italiens.

Ils se retrouvent donc tous les quatre au pied de la
paroi. Rapidement, ils franchissent la rimaye, remontent le
cône de déjection et traversent jusqu'à la brèche de la
deuxième tour. Gervasutti progresse sans hésitation, car
c'est lui qui, deux ans auparavant, a défriché cette partie de
l'itinéraire. A dix heures et demie, il atteint la fameuse
barrière de dalles qui a repoussé Armand Charlet. Là
commence l'inconnu. Après avoir échangé ses grosses
chaussures contre des espadrilles, il progresse avec
délicatesse sur une dalle raide et délitée. Chabod l'assure en
fumant la pipe.

En raison de la piètre qualité de la roche, Loulou
Boulaz, plus légère, suit, en tête de cordée, tandis que
Lambert, lesté des deux sacs à dos, ferme la marche. Les
prises sont rares, mais les difficultés restent raisonnables.

Dans la neige, la grêle et la tourmente...

Un violent orage immobilise les deux cordées en équilibre
dans un entonnoir collectant les cataractes de la paroi !
Heureusement, les pitons tiennent bon et, le calme revenu,
la caravane reprend sa progression en direction du névé
supérieur. La paroi est maintenant verglacée, mais il n'est
plus question de rebrousser chemin : les deux tiers de la
voie sont gravis et – sait-on jamais ? – les Allemands
n'ont peut-être pas réussi...

Il faut maintenant bivouaquer le plus haut possible

L'éperon Croz, par lequel fut gravie la face nord des Grandes Jorasses : une course mixte, avec passages rocheux et glaciaires.

car l'orage s'est transformé en mauvais temps... Arrivés au névé supérieur, les quatre alpinistes s'accordent une pause sous un abri formé par le surplomb d'une immense pierre plate. Tout à coup, Gervasutti pousse un cri :
– Peters et Harringer ! C'était donc vrai...
Il vient de découvrir un piton rouillé, qui prouve que Peters n'avait pas menti lorsqu'il avait prétendu être parvenu à près de 4000 mètres d'altitude.
– Si Peters est passé cette fois, il l'aura mérité, conclut Loulou Boulaz.
Le visage battu par le grésil, les quatre alpinistes reprennent leur progression : traversée du névé supérieur et escalade d'une interminable cheminée aux prises rares et peu sûres. Occupé à planter un piton, Gervasutti fait un faux mouvement, et tombe d'une dizaine de mètres ; il est heureusement rattrapé par Chabod.
– Ça va, Giusto, tu n'es pas blessé ?
– Non, seulement quelques écorchures aux mains et un bon coup dans le dos, mais ça va passer.
– Tu veux que je prenne la tête, tu pourras te reposer un peu ?
– Non, non, il vaut mieux que je continue pour réagir au choc nerveux.

A neuf heures, il faut songer au bivouac. Faute de mieux, Lambert et Boulaz s'installent sur une corniche, assis, les pieds dans le vide, tandis que les deux Italiens, attachés aux pitons, ne peuvent même pas se glisser dans leur sac de couchage. Toutes les demi-heures, ils alternent : l'un est soutenu par un bloc saillant du fond de la cheminée, tandis que l'autre reste suspendu en opposition ! Une gourde circule au bout d'une corde, acheminant le thé d'un emplacement du bivouac à l'autre... Impossible de dormir ; il faut patiemment égrener les huit heures qui restent avant le lever du jour, avec cette incertitude lancinante : qu'ont fait les Allemands ? Où sont-ils ?

A cinq heures, le lendemain matin, le temps ne s'est pas amélioré : la grêle de la veille ayant fondu et gelé durant la nuit, les dalles de sortie sont verglacées. Les deux cordées se séparent : Chabod et Gervasutti tentent une sortie vers la droite dans l'espoir de contourner la pointe Croz, tandis que les Suisses continuent droit sur l'arête pour sortir à gauche du sommet. Ce sont eux finalement qui sont sur la bonne voie, les Italiens les rejoignent. Cette fois, l'arête faîtière est en vue : une trentaine de mètres

Raymond Lambert et Loulou Boulaz ; très actifs pendant l'entre-deux-guerres, ils comptent à leur palmarès la deuxième ascension de la face nord des Grandes Jorasses, et la deuxième de la face nord des Drus.

SUSPENS AUX GRANDES JORASSES 99

reste encore à escalader – 30 mètres d'une difficulté extrême, qui demanderont près de deux heures d'effort à Gervasutti. Après un dernier surplomb, il peut enfin s'installer confortablement sur la crête, hisser les sacs et lancer une corde à Lambert, dont les doigts gonflés par le gel sont devenus insensibles.

Les quatre alpinistes se retrouvent enfin au sommet, mais nulle trace des Allemands ! Auraient-ils réussi la première ascension de la face nord des Grandes Jorasses ?

Le suspens durera jusqu'à la cabane des Grandes Jorasses, où des traces dans la neige et l'inscription sur le registre du refuge confirment les pressentiments de Chabod : Rudolf Peters et Martin Meier sont bien passés par là, descendant comme eux du sommet des Grandes Jorasses après en avoir escaladé l'éperon Croz ; comme eux, mais... deux jours plus tôt.

La saison 1935 n'est pas terminée pour autant, car il reste d'autres problèmes à résoudre dans le massif du Mont-Blanc...

Deux écoles s'affrontent : les «Bleausards» et les «Chamoniards»

Les alpinistes arrivent de partout, même de Paris ! Il existe en effet des alpinistes parisiens, qui s'entraînent même plus que les autres : tous les week-ends, on peut voir dans la forêt de Fontainebleau une bande redoutable, les «Bleausards», dont l'activité essentielle consiste à grimper sur les gros rochers ronds du Cuvier, d'Apremont, de Franchart, de l'Isatis ou du Cul de Chien. Et rien ne leur résiste : fissures, dalles, grattons et surplombs cèdent les uns après les autres à ces fous de l'escalade...

Les Chamoniards, qui ont le mont Blanc dans leur jardin, se moquent des Bleausards et de leurs montagnes lilliputiennes :
– Vos cailloux de Fontainebleau sont juste bons à récurer les fonds de casserole ! disent-ils avec un rien de mépris dans la voix.

Une des grandes figures de l'alpinisme italien des années 30 : Giusto Gervasutti, mort en 1946. Un pilier porte son nom au mont Blanc du Tacul, là où il s'est tué.

Mais les Bleausards laissent rire les Chamoniards, car ils savent que la faible hauteur des rochers de Fontainebleau (quelques mètres) et le sable qui amortit les chutes leur permettent justement de s'entraîner aussi souvent qu'ils le désirent, de tenter les passages les plus difficiles, d'inventer des mouvements secrets et d'acquérir un niveau technique bien supérieur à celui des Chamoniards. Bref, ils disposent d'un laboratoire d'alpinisme unique au monde, où ils se préparent tout au long de l'année à affronter les Chamoniards...

Pour les Grandes Jorasses, il est trop tard, mais il reste encore les Drus, dont la face nord a mis en échec les meilleurs alpinistes anglais, allemands, autrichiens, suisses et français.

Pierre Allain, le «chef» des Bleausards surnommé «le Vieux», ne tient pas en place. Il rassemble son matériel, réquisitionne un compagnon de cordée, Raymond Leininger, enfonce son béret sur la tête (il grimpe toujours avec son béret), et se lance dans la compétition. Mais il est stoppé net dans son élan : «Lambert est aux Drus ! Catastrophe ! »

Premier succès des Bleausards : la face nord des Drus

Raymond Lambert, pour se consoler des Grandes Jorasses, est en effet parti dans la face nord des Drus avec trois compagnons.

Pierre Allain et Raymond Leininger : l'arrivée des Parisiens provoqua scepticisme ou moquerie, qui cessèrent lorsque les «Bleausards» réussirent la première ascension de la face nord des Drus.

Que faire ?... Le Vieux n'hésite pas longtemps : il se rend au Montenvers (à pied) d'où il pourra suivre à la jumelle les évolutions de la cordée Lambert ; si elle échoue, il n'aura que la mer de Glace à traverser pour être à pied d'œuvre. Leininger est d'accord.

Et le miracle se produit : le lendemain après-midi, quatre alpinistes redescendent bredouilles de la face nord des Drus.
– Alors ? demande le Vieux, avec un air faussement compatissant.
– C'est effrayant, répond Lambert, ça ne passe pas !

Le Vieux jubile intérieurement : voilà enfin l'occasion de montrer aux Chamoniards de quel bois se chauffent les Bleausards ; et il traverse la mer de Glace en marmonnant :

Les Bleausards : Pierre Allain et ses amis s'entraînaient toute l'année sur les rochers de Fontainebleau, acquérant ainsi un niveau technique exceptionnel. Pierre Allain alla même jusqu'à concevoir le matériel et l'équipement.

«Ah! mes gaillards, vous allez voir ce que vous allez voir!»

Les deux hommes, en parfaite condition, avalent successivement toutes les difficultés, comme à l'entraînement: les fissures-cheminées à la sortie du couloir Ryan-Lochmatter, la fissure en râteau de chèvre, la traversée vertigineuse sous le mur vertical et la fissure Lambert, ouverte par le guide suisse l'avant-veille, cèdent les unes après les autres. Les chaussons à semelle de crêpe souple inventés par le Vieux font merveille, et la journée s'achève par un confortable bivouac. Ils remettent au lendemain la suite des opérations. Tout en marmonnant: «Ah! Oh! mes gaillards, vous allez voir!...», le Vieux met à chauffer sur le Gédéon (réchaud à essence) une succulente poule au pot préparée l'avant-veille.

Le lendemain, après quelques longueurs d'escalade, les deux Bleausards atteignent le fil d'un éperon dominant la fameuse niche, ce «coup de pouce d'un géant dans la glaise de nos montagnes» (Gaston Rebuffat).

Les voici maintenant au pied des grosses difficultés: un tas de vieilles savates abandonnées leur indique le point ultime de la tentative Lambert et, en levant les yeux, ils distinguent au-dessus du dernier piton planté par les Suisses un système de deux fissures parallèles à peu près verticales qui, sur une quarantaine de mètres, défendent solidement la partie supérieure de la voie.

Le Vieux engage une main dans chaque fissure, les pieds écartés, en opposition, bien en équilibre, et il grimpe comme à Fontainebleau en utilisant au mieux l'adhérence de ses semelles souples: il gagne ainsi une dizaine de mètres.

– Comment ça va? demande Raymond Leininger.

– C'est athlétique, mais ça passe. Je vais planter un «clou» (piton), tu m'assureras bien.

En coinçant un bras dans l'une des fissures, il réussit à planter un piton, il le mousquetonne, reprend son souffle, et repart.

– Combien de corde reste-t-il?

– Cinq ou six mètres.

– Bon, je fais relais ici, je tire d'abord les sacs, ensuite je te fais monter et je repars.

Une heure plus tard, la fameuse fissure (qui s'appelle depuis la fissure Allain) est surmontée. Le plus dur est fait, et, à quatre heures et demie de l'après-midi, deux

silhouettes se profilent au sommet des Drus : les Bleausards ont gagné, et le Vieux marmonne entre ses dents : « Ah ! Oh ! mes gaillards... Vous avez vu ? »

Car il sait que personne, jamais plus, ne se moquera des cailloux de Fontainebleau.

Cassin, le bulldozer de l'alpinisme

Trois années passent, et le Vieux, après avoir participé à la première expédition française dans l'Himalaya (1936) se retrouve à Chamonix, avec de nouveau l'envie de réussir un gros coup. Naturellement, il s'intéresse au tout dernier problème de l'heure : la face nord des Grandes Jorasses.
— Mais enfin, s'étonne Jean Leininger (frère de Raymond, lui-même Bleausard et excellent alpiniste), la face nord des Grandes Jorasses, c'est terminé depuis 1935 ; il n'y a plus rien à faire par là...
— Si, justement, répond le Vieux. Sur la gauche, il y a un éperon extraordinairement difficile, à côté duquel la voie de 1935 n'est qu'une promenade de santé. Allez, prépare-toi, on y va !

La face nord des Grandes Jorasses se présente en effet comme une immense muraille (large d'un kilomètre et demi) sous-tendue par deux éperons gigantesques : l'éperon Croz, gravi en 1935 par Peters et Meier, et l'éperon Walker, plus haut (1 200 mètres au lieu de 1 000) et plus raide : le dernier « vrai problème » des Grandes Jorasses.

Mais le Vieux n'est pas seul à penser aux Grandes Jorasses. De l'autre côté de la frontière, Riccardo Cassin, un alpiniste italien, reçoit une carte postale envoyée par un ami journaliste ; au recto, l'éperon Walker ; au verso une suggestion : « Voilà la paroi que tu devrais faire... ». Mais Riccardo n'a jamais mis les pieds dans le massif du Mont-Blanc. Qu'importe ! Il réussit à convaincre ses amis Ginetto Esposito et Ugo Tizzoni et, une semaine plus tard, les trois hommes se retrouvent au pied de l'éperon Walker avec en poche la carte postale. Le Vieux, lui, est déjà en route, et Cassin ne tarde pas à découvrir ses traces. Après avoir poussé un effroyable juron, il décide tout de même de continuer.
— Si on ne traîne pas, on peut les doubler !

Du coup, le dièdre de 70 mètres ne résiste pas longtemps ; Cassin, tel un bulldozer, avance inexorablement sur le fil de l'éperon dont le terrain mixte

Juste avant que Pierre Allain et Raymond Leininger ne réussissent à la face nord des Drus, le guide suisse Raymond Lambert avait effectué une tentative, surmontant une fissure difficile qui porte aujourd'hui son nom : la fissure Lambert.
Au-dessus : après l'éperon Croz, il restait encore dans la face nord des Grandes Jorasses, un pilier fantastique, l'éperon Walker. Personne n'en était encore venu à bout. Cet itinéraire est encore aujourd'hui l'une des plus belles voies des Alpes.

(rocher, neige et glace) convient parfaitement à ses semelles Vibram (semelles de caoutchouc inventées par l'italien Vitale Bramani). Arrivé au pied du dièdre de 75 mètres, il décide d'installer un premier bivouac : 400 mètres sont déjà gravis. Le lendemain, après quelques mouvements d'assouplissement, Riccardo commence à s'expliquer avec le dièdre : 75 mètres d'une escalade aux limites de ses possibilités, avec en prime un épuisant surplomb. Il demande du renfort.

Ginetto le rejoint, s'installe comme il peut et Riccardo grimpe sur ses épaules, mais il n'y a pas de prises au-dessus du surplomb.

— Nom de nom ! s'impatiente Ginetto, dépêche-toi, tu es en train de me broyer les épaules !

A force de tâtonner, Riccardo trouve enfin une fissure et y plante un piton.

— Ouf ! soupire Ginetto. Je commençais à me demander si tu n'allais pas passer la journée entière sur mon dos !

Finalement, les trois hommes se retrouvent sur une petite plate-forme dominant le dièdre de 75 mètres. Mais, là, nouvelle alerte.

— Riccardo, il y a deux alpinistes sur le glacier !

C'est Gervasutti. Cette fois, il fait demi-tour, il en a assez d'arriver toujours deuxième aux Grandes Jorasses !

L'alerte passée, Riccardo reste inquiet ; il pense aux traces aperçues la veille...

Crampons aux pieds, marteau en batterie, il taille maintenant des marches dans la glace. Sous la violence des coups, le marteau rebondit sur son visage et le blesse sous l'œil droit. Un flot jaillit, qui colore la glace d'une teinte inquiétante. Ginetto et Ugo sont épouvantés, mais Riccardo, s'essuyant d'un revers de main, les rappelle à l'ordre : ce n'est pas le moment de s'apitoyer sur une écorchure, la journée est loin d'être finie !

Il est en bout de corde, dans l'impossibilité de faire relais. Ginetto doit monter, s'installer sur des étriers et l'assurer. Dix mètres plus loin, un toit barre la route ; Riccardo descend en rappel, se balance dans le vide (pendule), attrape au vol la première prise venue, s'y suspend, traverse vers la droite et fait relais un peu plus loin. Ouf !

Suivent des dalles, des fissures surplombantes, des toits encore plus surplombants, qui sont réduits à néant les uns après les autres par Riccardo le Bulldozer. Et même

En arrivant au refuge Leschaud, Riccardo Cassin (à droite sur la photo) n'avait encore jamais vu la face nord des Grandes Jorasses et il ne connaissait pas l'orthographe du fameux éperon ; sur le livre du refuge il écrivit : « départ pour l'éperon Valcher »...

SUCCÈS A LA UNE

l'orage qui se déclenche en fin d'après-midi ne change rien à l'affaire : Riccardo avance, inexorablement. Seule la nuit l'arrêtera au-dessus de la tour Grise, aux deux tiers de la paroi.

Le samedi matin, troisième journée, le mauvais temps de nouveau menace, et, sans traîner, Riccardo remonte une dalle redressée qui, sur la gauche, mène au fil de l'éperon. Suit un névé, puis un couloir raide en mauvais rocher. La neige tombe en abondance, mais les trois hommes avancent toujours, grignotant les quelques centaines de mètres qui les séparent du sommet. C'est finalement vers trois heures de l'après-midi qu'ils débouchent sur l'arête faîtière où ils passeront la nuit, blottis les uns contre les autres, attendant le lendemain matin qu'une éclaircie leur permette de trouver le chemin de la descente. En arrivant au refuge, un journaliste, courant vers eux une bouteille de champagne à la main, leur annonce la bonne nouvelle : ils sont les premiers à avoir réussi l'ascension de l'éperon Walker ; le Vieux a rebroussé chemin au tiers de l'ascension.

En allant faire un petit tour aux Grandes Jorasses, le Vieux avait joué un bon tour à Riccardo...

A la descente des Grandes Jorasses, Cassin et ses amis eurent la surprise de rencontrer un journaliste, Guido Tonella, qui les attendait avec une bouteille de champagne et un numéro de la *Stampa,* où leur succès était annoncé en grosses lettres... Leur exploit extraordinaire les rendit immédiatement célèbres et remplit d'admiration les meilleurs alpinistes.

Une voie d'ascension ressemble à une partition de musique : lorsqu'elle est belle, elle devient classique et les hommes, génération après génération, ne se lassent pas de la répéter.

Quant aux alpinistes, ils sont un peu comme des musiciens. D'un côté, les «alpinistes compositeurs» qui inventent des voies nouvelles ; de l'autre, les «alpinistes interprètes» qui vont en montagne comme à un jeu de piste.

CHAPITRE V
LES AVENTURIERS DU XXe SIÈCLE

En quelques années, les limites des possibilités humaines ont reculé au-delà de tout ce qu'on pouvait imaginer : des hommes comme Patrick Gabarrou et Christophe Profit (à droite) ont pulvérisé les frontières de l'alpinisme classique.

Les itinéraires sont de plus en plus nombreux sur les différents sommets du massif du Mont-Blanc ; les alpinistes interprètes ne s'en plaignent pas, bien au contraire, mais les alpinistes compositeurs doivent se montrer chaque année plus audacieux et plus imaginatifs.

Aux Drus, par exemple, que restait-il à inventer en 1952 après les voies normales (ouvertes par les équipes de Dent en 1878 et de Charlet en 1879), la face nord (voie Allain-Leininger de 1935), et le pilier sud (voie Contamine-Bastien de 1952) ? Même la fameuse face ouest avec ses 900 mètres de dalles réputées infranchissables venait tout juste d'être gravie par Guido Magnone et ses amis parisiens – grands spécialistes de l'escalade artificielle. Et Walter Bonatti, le célèbre guide italien, l'un des derniers grands alpinistes compositeurs, aurait pu éprouver de la jalousie en voyant ainsi lui échapper le dernier problème des Drus. Mais il n'est pas jaloux ; d'abord, parce que Guido Magnone est son ami, ensuite parce qu'il sait que le dernier problème, ou plutôt le véritable problème des Drus, n'est toujours pas résolu. «Il manque à cette montagne parfaite un itinéraire parfait», se dit-il en songeant au fantastique pilier, situé à droite de la face ouest et dont les lignes sont si pures et si droites qu'elles font penser à une flèche de cathédrale. Quelqu'un a-t-il déjà imaginé qu'une voie d'ascension pouvait suivre le fil de cet éperon à la verticalité quasi absolue ?

Le 17 août 1955, Walter Bonatti quitte le refuge de la Charpoua pour une aventure solitaire de cinq jours, l'une des plus fantastiques de toute l'histoire de l'alpinisme.

L'ascension de Guido Magnone et de ses amis à la face ouest des Drus, réalisée en grande partie grâce aux procédés artificiels (pitons, coins de bois, étriers, etc.), a marqué à la fois l'apogée et la fin de la grande époque de l'alpinisme artificiel.

Le fabuleux exploit de Walter Bonatti : les Drus en solo

Il veut se prouver à lui-même, et aux autres également, qu'il est capable de réussir un exploit inouï, une performance hors du commun : ouvrir une voie tout seul. Voilà pourquoi, le 17 août 1955, Walter Bonatti se dirige vers la base du pilier sud-ouest des Drus, seul avec un énorme sac contenant soixante-dix-neuf pitons, deux marteaux, quinze mousquetons, trois étriers à triple planchette, deux cordes de 40 mètres (l'une en nylon, l'autre en soie), une douzaine de morceaux de cordelette, six coins de bois (pour les fissures très larges dans lesquelles les pitons trop minces ne tiennent pas), un piolet, des vivres pour cinq jours, un réchaud, une gourde

d'alcool à brûler, des vêtements de rechange et de bivouac, une trousse de pharmacie, un appareil photo et une lampe de poche.

La première journée se passe à remonter le glacier de la Charpoua, jusqu'aux Flammes de pierre et à descendre en rappel vers l'entonnoir qui mène à la base du pilier. En plantant un piton, Bonatti s'écrase un doigt avec son marteau et perd beaucoup de sang ; puis sa corde se coince et, n'arrivant pas à tirer son dernier rappel, il doit passer cette première nuit accroupi sur un gradin creusé dans la glace. Pour comble de malheur, sa réserve d'alcool à brûler percée par un piton se répand dans le fond du sac, l'obligeant à jeter la moitié de ses provisions. Impossible, désormais, de préparer une boisson chaude et, pour la suite des opérations, il ne lui reste que deux paquets de biscuits, un petit tube de lait concentré, quatre fromages, une boîte de thon, une de pâté de foie, un peu de sucre, quelques fruits secs, un petit flacon de cognac et deux canettes de bière... Il ne ferme pas l'œil de la nuit.

Le lendemain matin, heureusement ! la corde se décoince, et il peut enfin commencer l'escalade du pilier. Il progresse lentement, utilisant une technique très particulière : l'assurance en Z. Pour être assuré en cas de chute, il doit en effet grimper de quelques mètres, planter un piton, y faire passer la corde (reliée à son sac) et répéter l'opération sur une ou deux dizaines de mètres. Arrivé en bout de corde, il plante un dernier piton et se laisse descendre jusqu'au sac installé au relais précédent ; puis il remonte jusqu'au piton le plus élevé en tirant sur la corde et en récupérant au passage tous les pitons et coins de bois plantés au cours du premier parcours. Il ne lui reste plus qu'à hisser le sac et à l'installer au nouveau relais. Parfois, le sac se bloque, il doit alors redescendre, le décoincer puis remonter...

Il effectue donc chaque longueur de corde au moins deux fois à la montée et une fois à la descente !

Bientôt ses mains sont tellement usées, enflées, qu'il lui

Si un alpiniste ne trouve plus de prises pour grimper, il peut redescendre en disant «c'est impossible». Il peut également, s'il veut à tout prix continuer, s'aider de moyens «artificiels» : par exemple en enfonçant dans le rocher des broches en acier – des pitons – auxquelles il se suspend par une petite échelle de corde – un étrier. Si la fissure du rocher est trop large pour coincer un piton, il peut y enfoncer un coin de bois ; quand il n'y a pas de fissure il peut encore forer un trou et y enfoncer un piton spécial – un «gollot». Tout cela s'appelle de l'escalade artificielle. Aujourd'hui, les alpinistes préfèrent généralement l'escalade libre, c'est-à-dire celle qui n'utilise que les prises naturelles du rocher.

faut les échauffer une heure ou deux avant que la douleur s'atténue.

Il escalade ainsi un difficile système de cheminées, puis une fissure pourrie, et se retrouve en fin de journée à la base du Lézard, ce grand gendarme de granit dont la forme ressemble en effet à celle d'un lézard géant escaladant le Dru. Il déblaie la neige et s'installe pour la nuit sur une terrasse. A l'heure convenue, ses amis postés au Montenvers lui envoient des signaux lumineux ; il y répond avec sa lampe de poche et s'endort. Le troisième jour commence par l'ascension du Lézard, ascension difficile, nécessitant un travail de sculpture délicat dans un bouchon de glace en haut d'une cheminée et se poursuivant par une opération de pitonnage sur coins de bois. Ouf ! Voici franchi le dernier surplomb du Lézard. Avant de s'engager dans les plaques Rouges, Bonatti s'accorde quelques minutes de repos, allongé au soleil sur une grande écaille. Il réalise que, depuis deux jours, il vit dans le silence absolu d'une nature vierge, et il se sent intimidé... Alors, il commence à parler à son sac comme s'il s'agissait d'un compagnon de cordée.

Puis il ouvre l'une de ses deux précieuses canettes de bière ; mais celle-ci est tellement chaude qu'elle s'échappe en geyser ! Il se contente de sucer un glaçon et repart dans l'ascension des plaques Rouges. Un violent orage l'arrête, l'obligeant à passer la nuit dans ses vêtements trempés.

Il se jette dans le vide comme Tarzan

La journée suivante ne lui permet d'atteindre que la mi-hauteur des plaques Rouges et, au matin du cinquième jour, ses mains sont tellement écorchées qu'il ne peut rien toucher sans éprouver une violente douleur : il lui faut une bonne heure de gymnastique pour atténuer l'engourdissement de la nuit.

Il évite un énorme surplomb grâce à une cheminée qui le mène sous une dalle rouge, verticale et compacte, haute de 50 mètres au moins. Une mince fissure lui permet de gagner une vingtaine de mètres, mais bientôt elle s'évase : elle est trop large pour les pitons et trop étroite pour les coins de bois ; en outre, elle est oblique et surplombante sur ses 30 derniers mètres ! « C'est le moment d'utiliser la deuxième corde », se dit Bonatti qui espère, en se balançant, pouvoir atteindre une autre fissure débouchant sur une zone de rochers faciles. Après une

En descendant du pilier sud-ouest des Drus, le guide italien Walter Bonatti avait toutes les raisons d'être content : il retrouvait ses amis après cinq jours de solitude absolue et venait de signer l'un des exploits les plus fantastiques de toute l'histoire de l'alpinisme.

L'IMPOSSIBLE DÉFI 111

Aujourd'hui encore, le pilier sud-ouest des Drus, appelé pilier Bonatti, est une voie d'une extrême difficulté. Les alpinistes eux-mêmes ont du mal à comprendre comment un homme seul a pu venir à bout des dalles, fissures et surplombs de ce pilier de 900 mètres.

Bonatti avait une résistance exceptionnelle, le fait est attesté par les spécialistes, et une connaissance de la montagne hors du commun. En dépit de la fatigue, du gel, de blessures souvent cruelles, il a toujours ramené vivants ses compagnons d'ascension.

série de manœuvres compliquées, il se retrouve sur une vire minuscule et tente de s'élever directement pour planter au-dessus de lui un dernier piton qui lui permettra de se balancer une nouvelle fois et d'atteindre la bonne fissure. Mais le vide se creuse au-dessus d'une dalle lisse : impossible !

Il comprend alors que la vire sur laquelle il se trouve est un piège mortel ! Impossible de traverser jusqu'à la bonne fissure, aucun espoir de monter tout droit même de quelques mètres, et plus question de redescendre. Pendant une heure, il reste là, incapable de bouger. Puis il se dit qu'il doit tenter quelque chose : si seulement il pouvait traverser jusqu'à la bonne fissure, à une douzaine de mètres... Mais il y a cet abîme infranchissable. Il a envie d'attraper au lasso une bonne prise et de se jeter dans le vide comme Tarzan ! « Et pourquoi pas ? »

Alors il déroule sa corde en soie, y accroche en grappe des anneaux de corde, des pitons et des mousquetons et jette cette espèce de pieuvre en direction d'une grosse écaille de rocher. Au bout d'une dizaine d'essais, la pieuvre se coince et, après une dernière hésitation, il prend sa respiration et se lance dans le vide !

Hourra ! La corde en soie tient bon, la pieuvre aussi et, après s'être balancé en tournoyant au-dessus du gouffre, il grimpe le long de la corde en se faisant très, très léger... Il arrive enfin à hauteur de la bonne écaille, se rétablit, plante un piton, fait venir son sac et pousse un immense soupir de soulagement. Cette fois, rien ne l'arrêtera plus.

Il range la corde en soie, installe de nouveau son système d'assurance en Z et reprend l'escalade ; pour atteindre finalement les fameux rochers brisés qu'il cherchait à rejoindre depuis le matin. Il lui reste maintenant 50 mètres d'ascension facile, puis il retrouvera de nouveaux toits et des surplombs croulants !

Avant d'installer son cinquième bivouac, il lui faut encore effectuer quelques acrobaties afin de récupérer sac et pitons. Ses mains à vif laissent sur le rocher des traces rouges.

Il fait nuit lorsqu'il en a fini avec toutes ces manœuvres et qu'il aperçoit le signal lumineux de ses amis. N'ayant plus de pile, il fait brûler un papier pour leur montrer qu'il est toujours vivant ; puis il songe à cette solitude totale dans laquelle il est plongé depuis cinq jours : « Au début, je grimpais seulement avec mon corps, se dit-il, maintenant j'ai franchi la barrière qui me séparait de mon âme. »

Le jour suivant – le sixième – sera le dernier. Bonatti entend cette fois la voix de ses amis montés à sa rencontre par l'itinéraire normal ; et les difficultés diminuent : du sixième degré au cinquième, puis au quatrième, et même au troisième. Il reste seulement une centaine de mètres jusqu'au sommet ; malgré la douleur de ses mains tellement enflées, Bonatti est maintenant sûr de réussir. Il s'arrête et abandonne son matériel. Puis il se ravise et garde tout de même quelques pitons et deux étriers. Heureusement ! car le Dru lui réserve encore une dernière ruse : encore 50 mètres de surplomb avant le sommet !

A 16 heures 37 exactement, il peut enfin regarder autour de lui : le pilier Bonatti est à ses pieds, conquis en six jours par un seul homme.

Walter Bonatti, « le plus grand alpiniste du monde », titrait *Paris-Match* le 13 mars 1965 relatant l'ascension de la face nord du Cervin. Une ascension qui mettait un point final à l'une des carrières alpines les plus extraordinaires de l'Histoire.

Tragique tentative au pilier du Freney : quatre morts

Six ans plus tard, en 1961, Walter Bonatti se retrouve au refuge Gamba (versant italien) avec un nouveau projet : la première ascension du mont Blanc par le pilier central du Freney, le dernier problème. C'est un itinéraire magnifique mais très «engagé» : atteindre la base du pilier ne constitue pas simplement une marche d'approche, mais une véritable course de haute montagne et, en cas de mauvais temps, il est long et dangereux de faire demi-tour. De plus, la partie terminale du pilier, la «chandelle», est d'une difficulté extrême avec, en particulier, des longueurs d'escalade artificielle à plus de 4000 mètres d'altitude ! Avec Bonatti, un autre guide, Andrea Oggioni, et un client, Roberto Gallieni. Au refuge, les trois hommes rencontrent quatre Français : Pierre Mazeaud, Pierre Kohlman, Antoine Vieille et Robert Guillaume, en route eux aussi pour le pilier du Freney... Après une brève discussion, les deux équipes décident de partir ensemble ;

Le 11 juillet 1961, lorsque éclate un violent orage, Bonatti, Mazeaud et leurs compagnons, engagés dans la première ascension du mont Blanc par le pilier du Freney, ne savent pas encore qu'ils sont pris au piège et que quatre d'entre eux vont mourir d'épuisement au cours d'une dramatique descente.

LES « DERNIERS PROBLÈMES » 115

pendant deux jours, tout se passe pour le mieux : le temps est splendide et les sept hommes s'entendent parfaitement. Ils sont tous magnifiquement entraînés, et les difficultés sont surmontées les unes après les autres.

Mais tout à coup, dans l'après-midi du 11 juillet, un violent orage éclate, bloquant les alpinistes au milieu de la chandelle : il reste à peine trois longueurs de corde avant d'atteindre les pentes neigeuses qui mènent sans difficulté au sommet du mont Blanc. D'un commun accord, Français et Italiens décident d'attendre la fin de l'orage, mais après l'orage c'est le mauvais temps qui s'installe, réduisant Bonatti, Mazeaud et leurs compagnons à une attente terrible. Trois jours passent sans que la tempête se calme, et c'est en désespoir de cause que Bonatti décide de faire demi-tour. Mais il est déjà trop tard pour quatre de ses compagnons – Guillaume, Vieille, Oggioni et Kohlman – qui mourront d'épuisement les uns après les autres, incapables de supporter deux journées d'une descente hallucinante dans la tempête. Cette dramatique affaire jette la consternation dans le monde de l'alpinisme et bien au-delà. La plupart des journaux s'interrogent, comme à chaque accident, sur l'utilité de ce sport, sur ses risques et par-dessus tout sur ses limites : quand les alpinistes s'arrêteront-ils ? Jusqu'où iront-ils ? D'ailleurs que reste-t-il encore à inventer dans ce massif du Mont-Blanc écumé depuis deux cents ans par une douzaine de générations d'alpinistes anglais, allemands, autrichiens, italiens et français ?

Lorsque, quelques semaines après cette dramatique tentative, quatre Anglais réussissent à gravir le pilier central du Freney, tout le monde pense que cette fois l'histoire du mont Blanc s'achève et que, désormais, les alpinistes vont se contenter de répéter les voies ouvertes par leurs aînés : fini les alpinistes compositeurs ! Il n'y aura plus que des alpinistes interprètes. Mais il ne faut jamais prédire l'avenir des alpinistes...

D'abord, les anciennes voies d'escalade artificielle, celles où les alpinistes avaient pris l'habitude de se hisser grâce aux pitons et de gimper sur les étriers, ont été progressivement «nettoyées», c'est-à-dire débarrassées de leurs pitons et parcourues en n'utilisant que des prises «naturelles». Bien sûr, c'était plus difficile, mais, du même coup, le jeu devenait plus intéressant.

Autrefois assuré par des sauveteurs bénévoles, le secours en montagne est aujourd'hui presque entièrement organisé par les gendarmes, les CRS et la Sécurité civile.

A Chamonix, un peloton de gendarmerie de haute montagne veille tout au long de l'année vingt-quatre heures sur vingt-quatre.

En cas d'accident, si le temps est beau on utilise l'hélicoptère, qui permet de «treuiller» les alpinistes blessés, c'est-à-dire de les remonter par un câble d'acier pendant que l'appareil est immobilisé en vol stationnaire. Quand la visibilité est mauvaise, il faut aller à pied rechercher les victimes et le matériel de sauvetage est transporté à dos d'homme.

116

Les drames au Mont-Blanc

La conquête du Mont-Blanc n'a pas été qu'une longue suite de victoires. La montagne tue et les alpinistes l'ont découvert au prix d'accidents mortels quasi annuels depuis les premières ascensions. Autrefois assuré par des sauveteurs bénévoles, le secours en montagne est aujourd'hui presque entièrement organisé par les gendarmes, les C.R.S. et la Sécurité Civile. A Chamonix, un peloton de Gendarmerie de haute-montagne veille tout au long de l'année vingt-quatre heures sur vingt-quatre. Quand le temps est beau, on utilise l'hélicoptère qui permet de gagner beaucoup de temps (on peut «treuiller» les alpinistes, c'est-à-dire les remonter grâce à un câble en acier pendant que l'appareil est immobilisé en vol stationnaire). Quand la visibilité est mauvaise, il faut aller à pied rechercher les victimes et le matériel de sauvetage est transporté à dos d'homme ; c'est plus long et il faut davantage de monde. Le secours en montagne a fait de très grands progrès et les sauveteurs sauvent chaque année de nombreuses vies, mais parfois ils arrivent trop tard : la montagne est dangereuse même avec les meilleurs sauveteurs du monde.

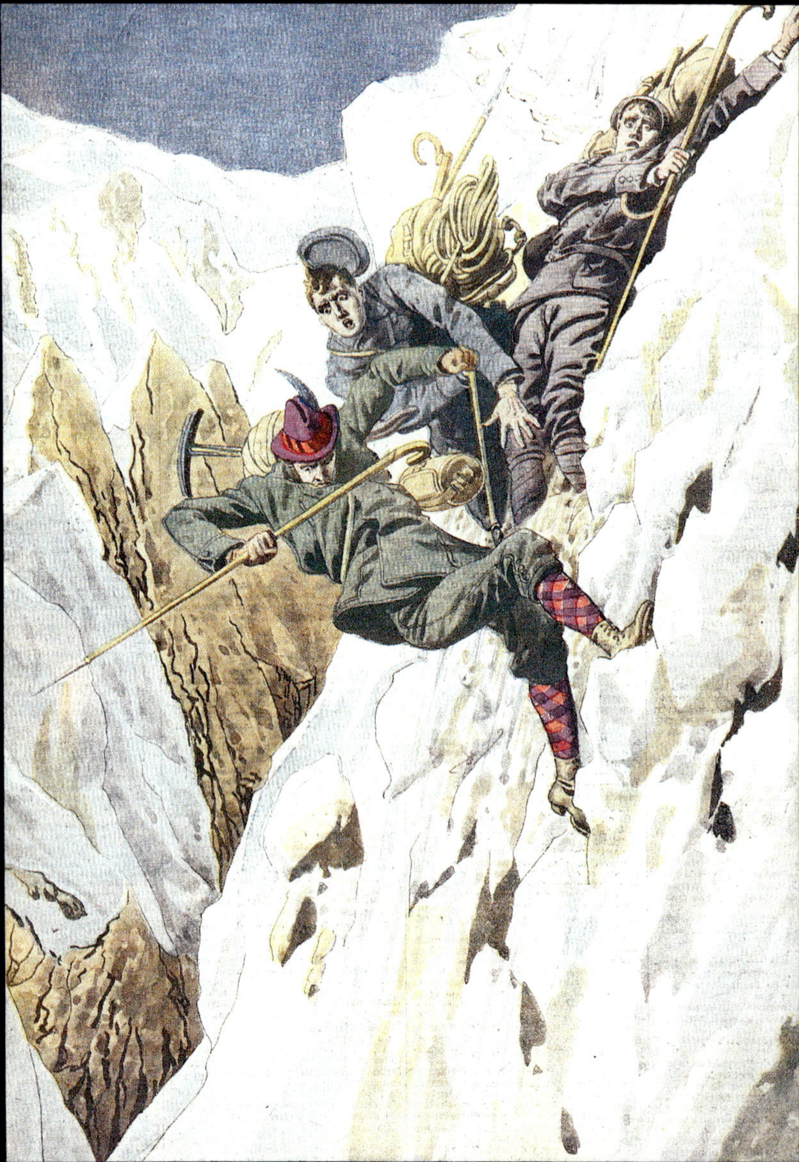

119

Drames: chronologie

1820
Premier accident mortel au Mont-Blanc. Le docteur Hamel insiste pour continuer l'ascension en dépit des mauvaises conditions de neige. Une avalanche emporte trois guides : Pierre Carrier, Pierre Balmat et Auguste Tairraz, à la hauteur du Grand Plateau. Leurs corps seront retrouvés quarante et un ans plus tard au pied du glacier des Bossons.

1864
Antoine Couttet, un jeune porteur, est précipité dans une crevasse : les recherches de ses camarades sont vaines.

1866
Trois Anglais, les frères Young, entreprennent sans guide l'ascension du Mont-Blanc. A la descente, l'un d'eux glisse, entraînant les autres dans une longue chute. Le plus jeune se brise le crâne, les autres sont indemnes.

1866
Le capitaine Arlwright (anglais), son guide Michel Simond et deux porteurs, François et Joseph Tournier sont emportés par une avalanche à la hauteur des rochers Rouges.

1870
Madame Mark, Américaine, trop fatiguée pour poursuivre l'ascension, s'arrête au sommet du Corridor pendant que son mari continue avec deux guides. En cherchant un endroit abrité, elle glisse et disparaît dans une crevasse avec le porteur Olivier Gay avec elle encordé.

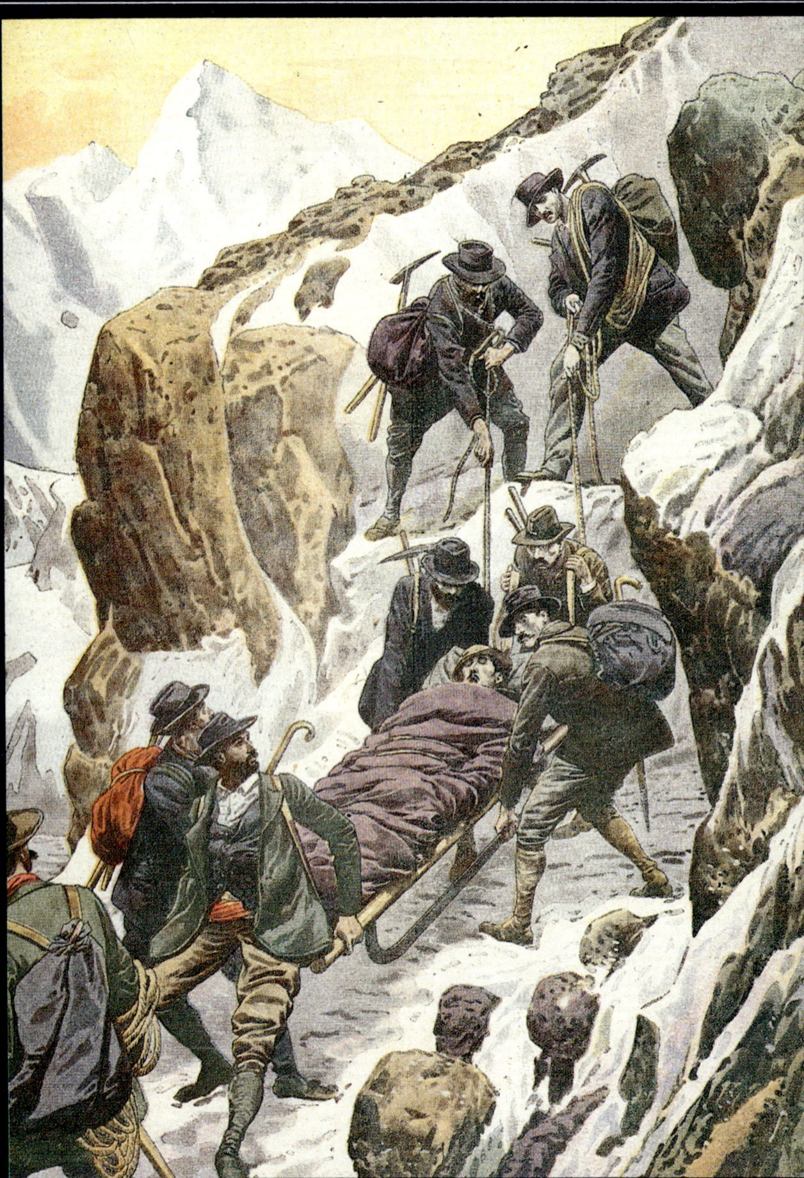

121

1870
Une caravane de voyageurs John Randall et Jos Bean, Américains et Georges Corkindale, Écossais ; guides, Jean Balmat, Édouard Simon et Joseph Breton, et porteurs Fedinand Tainaz, Auguste Cachat, Alphonse Balmat, Auguste Couttet et Jean Graff est bloquée au sommet du mur de la Côte. Il n'y a aucun survivant et l'on retrouve, dans une poche de Jos Bearn, le récit bouleversant de ces deux jours d'angoisse.

En 1900, le nombre total de victimes du Mont-Blanc s'élève à quarante-neuf.

NOËL 1956
Deux alpinistes, Jean Vincendon, français et François Henry, belge, s'arrêtent épuisés au début des descentes du Mont-Blanc, qu'ils ont gravi par l'éperon de la Brenva. Par une température de −30°, ils attendent pendant six jours qu'on vienne leur porter secours. Or, l'hélicoptère venu les chercher s'écrase et les sauveteurs ne peuvent leur venir en aide : ils meurent de froid et d'épuisement.

1984
Pascal Ottman, brillant alpiniste et professeur à l'ENSA, tente la première ascension solitaire hivernale de l'arête intégrale de Peuterey. Mais il n'arrivera pas au sommet du Mont-Blanc et les recherches ne permettront même pas de retrouver son corps.

Les alpinistes pouvaient ouvrir des voies nouvelles sur des itinéraires anciens. Actuellement, presque toutes les voies, y compris les plus dures, se font en escalade libre et les pitons servent seulement à l'assurance : ils sont moins nombreux et on évite de se tirer dessus.

Mais les alpinistes compositeurs ne se sont pas contentés de rajeunir les anciennes voies en les dépitonnant ; car, contrairement à ce que l'on pensait en 1960, il y avait encore de la place pour de nouveaux itinéraires. Encore fallait-il chercher...

Patrick Gabarrou : le recordman du Mont-Blanc

En 1960, Patrick Gabarrou a neuf ans, et déjà il rêve de la montagne en feuilletant *le Mont-Blanc, jardin féérique,* de Gaston Rebuffat.

A quinze ans, il supplie ses parents de le laisser participer à un camp en moyenne montagne au village de Chazelet (dans le Dauphiné). C'est pour lui une première découverte : la flore, la faune, les cailloux, la marche également, car tout est loin, y compris l'eau qu'il faut aller chercher ; mais il ne touchera pas une corde d'escalade, et c'est par le sentier de la voie normale qu'il gravira le dôme de la Lauze, son premier sommet.

Quatre ans plus tard, il apprend l'escalade et ses techniques grâce aux rochers ronds de Fontainebleau sur lesquels s'entraînent régulièrement ses amis parisiens. Lorsqu'il retourne en montagne – en Suisse et dans les Pyrénées – il ne se contente plus cette fois de randonnées ; il découvre les grands itinéraires de l'alpinisme, ceux qui mènent à 4000 mètres d'altitude, comme ceux, parfois plus difficiles, qui conduisent à des sommets moins élevés. S'il trouve un compagnon, il s'encorde avec lui, dans le cas contraire, il part seul, bivouaquant parfois au sommet des montagnes.

A dix-neuf ans, il partage son temps entre ses études – il termine sa licence de philosophie et sera même quelque temps professeur de philosophie – et l'escalade, à laquelle il s'intéresse de plus en plus. Tout son temps libre est désormais consacré à l'entraînement à Fontainebleau, au Saussois (falaises d'escalade situées dans l'Yonne) et, chaque fois qu'il le peut, dans les Alpes. Rapidement, il acquiert un excellent niveau technique et, naturellement, se lance dans les grandes voies d'ascension du massif du Mont-Blanc : éperon nord du Chardonnet, éperon de la

Alors que tout le monde pensait qu'il n'y avait plus de place au mont Blanc pour tracer de nouveaux itinéraires, le guide Patrick Gabarrou a établi un nouveau record en y ouvrant à lui seul une vingtaine de voies nouvelles.

LES VOIES SECRÈTES DU MONT BLANC 123

Brenva du mont Blanc, pilier Bonatti aux Drus, etc. Le voilà complètement rassuré quant à ses possibilités techniques ; il se sent maintenant capable de gravir les itinéraires les plus difficiles du massif : la voie Brown, à la face ouest de l'aiguille de Blaitière, dont il réussit la deuxième ascension hivernale. Pour s'amuser, il se présente à l'examen d'entrée des aspirants guides... là encore avec succès. Cette fois, il abandonne la philosophie – ou, tout du moins, l'enseignement de la philosophie – pour se consacrer entièrement à la montagne : il sera guide.

Il s'installe bientôt à Chamonix où il est employé occasionnellement par la Compagnie des guides. Il «fait» souvent, ainsi, la vallée Blanche et le mont Blanc ; il encadre également des stages du Club alpin français, mais il doit également chercher des petits boulots pour subvenir à ses besoins et payer le loyer de sa chambre de bonne, car un jeune guide n'a pas beaucoup de clients et, de toute façon, la saison d'été ne dure que deux mois et demi. L'hiver, il travaille comme pisteur-secouriste.

C'est à partir de 1974 qu'il commence à couvrir des voies nouvelles.

Goulottes de glace au Mont-Blanc de Tacul d'abord (la goulotte Gabarrou-Albinoni, puis le «super couloir»

Grâce aux techniques nouvelles de cramponnage glaciaire, grâce aussi à l'imagination jamais à court des alpinistes, ces derniers trouvent encore des goulottes de glaces inconnues menant au mont Blanc. Mais ces itinéraires modernes sont réservés aux alpinistes de haut niveau. Ici, Patrick Gabarrou.

avec Jean-Marc Boivin), grandes voies mixtes ensuite (face nord-est des Courtes, face nord des Droites, etc.), voies rocheuses enfin (face sud de l'aiguille du Midi), toutes sont systématiquement explorées.

Puis, il se dit que, dans le massif du Mont-Blanc, il reste encore des choses à faire, même sur le versant italien – le plus abrupt – pourtant bien exploré par les générations précédentes. Il y a, par exemple, un couloir de glace tellement raide que personne n'a jamais pensé s'y aventurer : ce n'est même plus un couloir, c'est un «hyper couloir»! Mais Patrick connaît bien les techniques modernes d'escalade glaciaire (en particulier les piolets courts à lame courbe et les crampons munis de pointes à l'avant) utilisées avec succès dans les cascades de glace. Et l'hyper-couloir, inauguré en mai 1982, deviendra en deux ans un itinéraire classique.

Lorsqu'il est en montagne, Patrick ne peut s'empêcher de regarder autour de lui, d'envisager toutes les lignes de cheminement possibles, d'imaginer des voies nouvelles et de les dessiner dans sa tête d'abord, puis sur le rocher, sur la glace et dans la neige... Quand on lui demande le nom de telle arête ou de telle goulotte de glace et qu'il est embarrassé pour répondre, il se dit que peut-être cette goulotte anonyme n'a encore jamais été escaladée et se demande avec quel compagnon il ira...

Voilà comment, avec cinquante voies nouvelles à son actif dans le massif du Mont-Blanc, Patrick Gabarrou a établi un record qui sera d'autant plus difficile à battre que, derrière lui, les possibilités se sont considérablement amenuisées. Il avoue : «J'ai été un peu vache avec les autres : j'ai ouvert les dernières voies restantes...»

Christophe Profit, la «formule 1 de l'alpinisme»

Christophe Profit fait partie des autres, c'est-à-dire de ceux qui sont arrivés après Patrick. Sans doute aurait-il pu chercher à son tour des goulottes secrètes ou des couloirs inconnus pour y ouvrir de nouvelles voies – il a d'ailleurs ouvert des voies, parfois même en compagnie de Patrick, comme la voie Abominette dans la face sud du mont Blanc en avril 1984 – mais il s'intéresse à autre chose : son plaisir est d'aller vite, très vite, c'est-à-dire de parcourir les voies les plus difficiles en un temps record.

Comment fait-il ? D'abord, il s'entraîne tous les

Christophe Profit, 24 ans, a réédité les voies les plus dures du massif, seul et dans un timing époustouflant.

LES NOUVEAUX ALPINISTES 125

jours, comme un véritable athlète : course à pied, musculation, assouplissement, escalade également, bien sûr. Même son régime alimentaire est étudié : pas de viande, le moins possible de matières grasses, peu de sucres (tant pis pour les pâtisseries !).

Mais il ne suffit pas de grimper rapidement pour battre des records de vitesse, car ce qui prend du temps en montagne c'est non seulement l'ascension elle-même, mais également les manœuvres de corde, en particulier celles imposées par l'assurage. Voilà pourquoi Christophe, lorsqu'il veut aller vite, grimpe seul et sans corde ! Le solo intégral est évidemment très dangereux, car la moindre faute est sanctionnée par une chute mortelle, mais c'est terriblement efficace !

Sur la face ouest des Drus, par exemple — cette fameuse face haute de 900 mètres, lontemps considérée comme l'escalade artificielle la plus dure de tout le massif du Mont-Blanc, et dont la première ascension, effectuée en plusieurs fois, a demandé près d'une dizaine de jours à Guido Magnone et à ses compagnons — Christophe a décidé de faire un «gros coup»...

Le 30 juin 1982, à 13 heures, il s'engage dans la face sans le moindre équipement : rien pour bivouaquer, pas de nourriture, pas davantage de corde, pas même un anneau de corde, un piton ou un mousqueton ! Il devra donc grimper non seulement seul et sans assurance, c'est-à-dire en solo intégral, mais également sans s'accrocher à un seul piton, même pour se reposer, il devra grimper en libre intégral.

Au début, il est un peu nerveux mais après avoir remonté le socle et franchi les dalles, les surplombs et les fissures menant au dièdre de 45 mètres — première grande difficulté —, il constate que formes physique et morale sont excellentes, et peu à peu il prend confiance.

Après le dièdre de 45 mètres enlevé sans problème, 30 mètres de fissure le mènent, par une traversée sur la gauche, au dièdre de 60 mètres — deuxième difficulté de la voie —, puis au bloc coincé, c'est-à-dire au troisième dièdre — celui de 90 mètres — qui constitue le plat de résistance de la face ouest.

Guido Magnone et ses amis ont bataillé plusieurs jours dans cet interminable dièdre, maintenant truffé de pitons, de coins de bois et autres cordelettes, utilisés pour l'escalade

En quelques heures, certains alpinistes sont capables aujourd'hui de parcourir des itinéraires qui demandaient plusieurs jours à une bonne cordée. Pour gagner du temps ils utilisent parfois le parapente, qui leur permet de retrouver le pied de la paroi en quelques minutes et... d'enchaîner une autre voie !

artificielle. L'endroit est particulièrement exposé (c'est-à-dire vertigineux), mais Christophe ne traîne pas. Pendant qu'un hélicoptère prend des photos, il s'installe bien en opposition : mains dans la fissure au fond du dièdre et pieds à plat remontés le plus haut possible sur la face opposée. Puis il monte simultanément mains et pieds jusqu'à la traversée menant à une bonne vire, sur laquelle il peut enfin se tenir debout ! La suite est encore très difficile, mais Christophe connaît bien l'itinéraire : le plus dur est fait. Il accélère l'allure et se retrouve ainsi en bordure de la face nord, et après quelques longueurs d'escalade mixte arrive au sommet. L'ascension n'a duré que trois heures et dix minutes !

Le nouveau jeu des champions : les enchaînements

Ce genre d'exploit est tellement stupéfiant qu'il remet en cause la conception même de l'alpinisme de pointe : là où les meilleurs grimpeurs mettaient plusieurs jours il y a dix ans, les nouveaux alpinistes ne mettent pas plus de quelques heures !

Et un nouveau jeu a été inventé : celui des enchaînements. Il consiste à enchaîner dans une seule journée le plus grand nombre possible de voies extrêmes, parfois même à faire plusieurs fois dans une seule journée, et par des itinéraires différents, l'ascension d'une même face ! Les alpinistes bolides inventent sans cesse de nouveaux «trucs» : utilisation d'une aile volante ou d'un parapente pour redescendre depuis le sommet d'une voie jusqu'à la base de la voie suivante. Le dernier exploit de cette nature est à l'actif du guide Jean-Marc Boivin qui, le 16 mars 1986, a enchaîné quatre grandes faces nord en dix-sept heures.

Le massif du Mont-Blanc devient ainsi une espèce de stade où les records les plus fantastiques sont battus. Mais il y a tant de place entre les sept vallées du Mont-Blanc, et les alpinistes ont tellement d'imagination, que leurs nouveaux jeux n'ont en rien affecté la pratique de l'alpinisme traditionnel.

Aujourd'hui comme hier, la plupart des alpinistes sont des alpinistes interprètes qui jouent avec plaisir les voies classiques du Mont-Blanc, mais beaucoup d'autres pensent que la conquête du Mont-Blanc est terminée. Peut-être se trompent-ils comme se sont trompés avant eux tous ceux qui ont dit : «Maintenant c'est fini !»

L'IMPOSSIBLE ET LE POSSIBLE 127

TÉMOIGNAGES ET DOCUMENTS

Les victoires,
les défaites, les drames :
la vie privée d'un massif
célébrissime.

Les métiers d'hier

Avant la naissance de l'alpinisme et le développement du tourisme alpin, les montagnards, pour la plupart, étaient des paysans et des artisans dont les conditions de vie et de travail étaient particulièrement rudes. Seuls quelques chasseurs de chamois et chercheurs de cristaux s'aventuraient en haute montagne.

Cristalliers et chasseurs de chamois

La recherche du cristal et la chasse sont les seuls travaux qui soient demeurés le partage exclusif des hommes. Heureusement on s'occupe beaucoup moins qu'autrefois du premier de ces travaux; je dis heureusement, parce qu'il y périssait beaucoup de monde. L'espérance de s'enrichir tout d'un coup, en trouvant une caverne remplie de beaux cristaux, était un attrait si puissant, qu'ils s'exposaient dans cette recherche aux dangers les plus affreux, et qu'il ne se passait pas d'année où il ne pérît des hommes dans les glaces ou dans les précipices. Le principal indice qui dirige dans la recherche des grottes ou des *fours* à cristaux, comme ils les appellent, ce sont les veines de quartz, que l'on voit en dehors des rochers de granit ou de roche feuilletée. Ces veines blanches se distinguent de loin et souvent à de grandes hauteurs sur des murs verticaux et inaccessibles. Ils cherchent ou à se frayer un chemin direct au travers des rochers, ou à y parvenir de plus haut en se faisant suspendre par des cordes. Arrivés là, ils frappent doucement sur le rocher; et lorsque la pierre rend un son creux, ils tâchent de l'ouvrir à coups de marteau, ou en la minant avec de la poudre. C'est là la grande manière; mais souvent aussi des jeunes gens, des enfants même, vont en chercher dans les glaciers dans les endroits où les rochers se sont nouvellement éboulés. Mais soit que l'on regarde ces montagnes comme à peu près épuisées, soit que la quantité de cristal que l'on a trouvée à Madagascar ait trop rabaissé le prix de cette pierre, il y a très peu de gens, pour ne pas dire personne à Chamouni, qui en fasse son unique occupation. Ils y

vont de temps en temps comme à une partie de plaisir.

Mais la chasse au chamois, autant et peut-être plus dangereuse que la recherche du cristal, occupe encore beaucoup d'habitants des montagnes, et enlève souvent à la fleur de l'âge des hommes précieux à leur famille. Et quand on sait comment se fait cette chasse, on s'étonne qu'un genre de vie tout à la fois si pénible et si périlleux ait des attraits irrésistibles pour ceux qui en ont pris l'habitude. Le chasseur de chamois part ordinairement dans la nuit, pour se trouver à la pointe du jour dans les pâturages les plus élevés où le chamois vient paître avant que les troupeaux y arrivent. Dès qu'il peut découvrir les lieux où il espère les trouver, il en fait la revue avec la lunette d'approche. S'il n'en voit pas, il s'avance et s'élève toujours davantage ; mais s'il en voit, il tâche de monter au-dessus d'eux et de les approcher en longeant quelque ravine ou en se coulant derrière quelque éminence ou quelque rocher. Arrivé au point de pouvoir distinguer leurs cornes, c'est à cela qu'il juge de la distance, il appuie son fusil sur un rocher, ajuste son coup avec bien du sang-froid, et rarement il les manque. (...) S'il a tué le chamois, il court à sa proie, s'en assure en lui coupant les jarrets, puis il considère le chemin qui lui reste à faire pour regagner son village ; si la route est très difficile, il écorche le chamois et ne prend que sa peau ; mais pour peu que le chemin soit praticable, il charge sa proie sur ses épaules et la porte chez lui, souvent au travers des précipices et à de grandes distances. Il se nourrit lui et sa famille de la chair qui est très bonne, surtout quand l'animal est jeune, et il fait sécher la peau pour la vendre.

Mais si, comme c'est le cas le plus fréquent, le vigilant animal aperçoit venir le chasseur, il s'enfuit avec la plus grande vitesse dans les glaciers, sur les neiges, et sur les rochers les plus escarpés. Il est surtout difficile de les approcher lorsqu'ils sont plusieurs ensemble. Alors, l'un d'eux, pendant que les autres paissent, se tient en vedette sur la pointe de quelque rocher qui domine toutes les avenues de leur pâturage ; dès que cette sentinelle aperçoit un objet de crainte, elle pousse une espèce de sifflement, à l'ouïe duquel tous les autres chamois accourent auprès d'elle, pour juger par eux-mêmes de la nature et de l'objet du danger, et alors s'ils voient que c'est une bête féroce ou un chasseur, le plus expérimenté se met à leur tête, et ils s'enfuient tous à la file dans les lieux les plus inaccessibles. C'est là que commencent les fatigues du chasseur ; car alors, emporté par sa passion il ne connaît plus de danger ; il passe sur les neiges, sans se soucier des abîmes qu'elles peuvent cacher; il s'engage dans les routes les plus périlleuses, monte, s'élance de rocher en rocher, sans savoir comment il en pourra revenir.

Souvent la nuit l'arrête au milieu de sa poursuite; mais il n'y renonce pas pour cela, il se flatte que la même cause arrêtera aussi les chamois, et qu'il pourra les rejoindre le lendemain. Il passe donc la nuit, non pas au pied d'un arbre, comme le chasseur de la plaine, ni dans un antre tapissé de verdure, mais au pied d'un roc, souvent même sur des débris entassés où il n'y a pas la moindre espèce d'abri. Là, seul, sans feu, sans lumière, il tire de son sac un peu de fromage et un morceau de pain d'avoine qui fait sa nourriture ordinaire; pain si sec, qu'il est obligé de le rompre entre deux pierres ou avec la hache qu'il porte avec lui pour tailler les escaliers dans la glace; il fait tristement son frugal repas, met une pierre sous sa tête et s'endort en rêvant à la route que peuvent avoir prise les chamois qu'il poursuit. Mais bientôt éveillé par la fraîcheur du matin il se lève transi de froid, mesure des yeux les précipices qu'il lui faudra franchir pour atteindre les chamois, boit un peu d'eau de vie dont il porte toujours une petite provision avec lui, remet son sac sur son épaule et s'en va courir de nouveaux hasards.

Ces chasseurs restent quelquefois ainsi plusieurs jours de suite dans ces solitudes, et pendant ce temps-là leurs familles, leurs malheureuses femmes surtout, sont livrées aux plus affreuses inquiétudes, elles n'osent pas même dormir dans la crainte de les voir paraître en songe; car c'est une opinion reçue dans le pays, que, quand un homme a péri, ou dans les glaces, ou sur quelque rocher ignoré, il revient de nuit

apparaître à la personne qui lui a été la plus chère, pour lui dire où est son corps, et pour la prier de lui faire rendre les derniers devoirs.

D'après ce tableau fidèle de la vie des chasseurs de chamois, peut-on comprendre que cette chasse soit l'objet d'une passion absolument insurmontable? J'ai connu un jeune homme de la paroisse de Sixt, bien fait, d'une jolie figure, qui venait d'épouser une femme charmante; il me disait à moi-même: «Mon grand-père est mort à la chasse, mon père y est mort, je suis si persuadé que j'y mourrai, que ce sac que vous me voyez, monsieur, et que je porte à la chasse, je l'appelle mon drap mortuaire, parce que je suis sûr que je n'en aurai jamais d'autre; et pourtant si vous m'offriez de faire ma fortune, à condition de renoncer à la chasse au chamois, je n'y renoncerais pas. » J'ai fait sur les Alpes quelques courses avec cet homme ; il était d'une adresse et d'une force étonnantes ; mais sa témérité était plus grande encore que sa force, et j'ai su que deux ans après le pied lui avait manqué au bord d'un précipice où il avait subi la destinée à laquelle il s'était si bien attendu.

Le petit nombre de ceux qui vieillissent dans ce métier portent sur leur physionomie l'empreinte de la vie qu'ils ont menée ; un air sauvage, quelque chose de hagard et de farouche les fait reconnaître au milieu d'une foule, lors même qu'ils ne sont point dans leur costume. Et c'est sans doute cette mauvaise physionomie qui fait croire à quelques paysans superstitieux qu'ils sont sorciers, qu'ils ont dans ces solitudes commerce avec le diable, et que c'est enfin lui qui les jette dans les précipices. Quel est donc l'attrait de ce genre de vie ? Ce n'est pas la cupidité, au moins n'est-ce pas une cupidité raisonnée ; car le plus beau chamois ne vaut jamais plus de douze francs à celui qui le tue, même en y comprenant la valeur de sa chair ; et à présent que leur nombre a beaucoup diminué, le temps que l'on perd communément pour en attraper un vaut bien plus que ces douze francs. Mais ce sont ces dangers mêmes, cette alternative d'espérances et de craintes, l'agitation continuelle que ces mouvements entretiennent dans l'âme qui excitent le chasseur, comme elles animent le joueur, le guerrier, le navigateur, et même jusqu'à un certain point le naturaliste des Alpes, dont la vie ressemble bien à quelques égards à celle du chasseur de chamois.

H.-B. de Saussure,
Premières ascensions au mont Blanc

Exploits et déboires des contrebandiers

Il n'y a plus de contrebandiers... La contrebande s'est exercée à Chamonix sur une très grande échelle mais la plupart de ses manifestations sont restées confidentielles ou légendaires. La tradition rapporte les exploits de Mandrin passant avec des bandes importantes sans commettre de dégâts. Il se faisait servir dans les cabarets mais payait régulièrement. Seul souvenir actuel, la Pierre à Mandrin au-dessus des Mouilles. Nos aïeux virent aussi les « camelotiers » qui colportaient diverses marchandises sans vouloir se plier aux vérifications des douaniers. On raconte qu'un individu des Houches, soupçonné d'avoir vendu des contrebandiers, allait être exécuté lorsque survint le chef de ceux-ci. Il reconnut en l'accusé un homme qui lui avait donné l'hospitalité lorsqu'il était

poursuivi et l'exécution fut arrêtée et remplacée par une gratification.

Une caravane de contrebandiers était poursuivie dans la vallée de la Diosaz par trois douaniers. Ils cachent leurs fardeaux sous un rocher et se mettent à l'abri plus loin. Les trois douaniers s'installent sur le même rocher pour se restaurer. Les contrebandiers, armés de longues carabines, hésitent mais lorsqu'un douanier lève sa bouteille pour boire, ils tirent et la réduisent en miettes sans que le buveur soit blessé. Il paraît que les douaniers abandonnèrent les lieux sans discussion.

A l'époque du blocus continental les marchandises anglaises pouvaient encore parvenir en Suisse par le Rhin. Plusieurs personnes de Chamonix contractèrent un engagement pour le transport en Italie de ballots de dentelles, par la voie dangereuse du col du Géant et le col de la Seigne. On vit ainsi plusieurs caravanes de 60 hommes porteurs de ballots valant 5 000 francs pour un salaire de six francs par jour. Cette entreprise faillit tourner tragiquement. Le célèbre Marie Couttet, dit Moutelet, apprit heureusement à Magland que tous les douaniers étaient partis en Val d'Aoste... Il eut la possibilité de donner l'alerte à la caravane encore au Montenvert. Les ballots furent cachés dans la moraine. Il y avait effectivement 30 douaniers armés, embusqués près du Lac Combal.

Si quelques manuscrits ont conservé la tradition de ces exploits de contrebandiers, il en est peu qui racontent leurs déboires cependant nombreux. Les douaniers n'avaient pas toujours le dessous ou bien les expéditions se terminaient tragiquement. Citons un récit de Cachat le Géant : «Le 25 septembre 1804 Jean-Marie B... des Rebats et Jean-François C... des Bois ont eu le malheur sur Voza en portant de la poudre. Le feu a pris et les a emportés et tout brisés leurs membres, la justice n'a pas voulu faire lévation du corps on a ramassé les morceaux de leurs corps et on les a enterrés sur place. Quel chagrin pour leurs parents... »

Paul Payot,
Au royaume du Mont-Blanc

Servir les voyageurs ou émigrer

Les diverses activités d'autrefois ne suffisaient pas à l'ensemble des habitants de la vallée. Le remède, ici comme dans de nombreuses vallées alpestres, fut trouvé dans l'émigration.

La principale forme était saisonnière. Le travail des vignes en Valais entraînait une absence de six semaines : «1736. De la paroisse d'Argentière sont morts aussi bien que ceux du Prieuré qui étaient en chemin pour aller travailler aux vignes à Sion et par malheur quand ils ont été aux Nants au-dessous de Trélechant, ils ont été pris par l'avalanche : ils étaient neuf, il y en a eu sept de morts et les deux autres on les a trouvés vivants (les deux de Gaspard Payot). »

' Deux cents bergers partaient chaque année vers la Tarentaise, la Maurienne ou le Val d'Aoste, au début du siècle dernier. D'autres Chamoniards pratiquaient le colportage en France ou en Allemagne. Certains, après quelques saisons, s'établirent commerçants à Vienne et Berlin, mais les réussites de ce genre sont rares. M. Blanchard cite «un homme du village des Bois établi depuis 1529 marchand et bourgeois de Châlons-sur-Marne». Plusieurs habitants du Val Montjoie revinrent au pays leur fortune étant faite. Paris attirait les Savoyards et le duc de La Rochefoucauld d'Enville retrouva à Chamonix un homme qui avait été frotteur chez lui.

Moins connus sont les déplacements des Chamoniards en Algérie où ils se fixèrent dans les environs de Sétif. (...)

Cependant le tourisme qui s'intensifie peu à peu dans la vallée va mettre un terme à cette émigration. Une transformation complète de la vie s'ensuivra. Les activités et les métiers prendront un aspect nouveau tout entier dirigé vers le seul but de satisfaire les voyageurs... Tout ce qui répond à ce dessein survivra et prospérera tandis que tout ce qui n'est pas directement rattaché au tourisme a disparu ou disparaîtra. (...)

Paul Payot,
Au royaume du Mont-Blanc.

Le métier de guide

A l'origine, le guide était simplement celui qui montrait le chemin. Puis il est devenu un spécialiste de la haute montagne, rompu aux techniques du cramponnage, de l'escalade, de la progression en glace, en neige et en rocher. Aujourd'hui, les guides de haute montagne s'efforcent d'être davantage des techniciens: ils ont conscience d'être les intermédiaires entre le monde de la haute montagne qu'ils connaissent bien et les alpinistes qui, à travers eux, découvrent cet univers.

Réglementation de la profession

Le 9 mai 1823, la profession de guide est réglementée. Sa Majesté « ayant reconnu nécessaire de soumettre à des règles fixes et déterminées les personnes qui servent de guides aux voyageurs qui vont visiter les glaciers et les autres endroits remarquables de la vallée de Chamonix ». La Compagnie des guides est dirigée par un guide-chef. Les guides doivent être âgés de dix-huit ans au moins et soixante ans au plus, mais ils sont classés en deux groupes selon leur « degré d'expérience ». Ils sont pourvus d'une médaille qui porte l'inscription « Guides de la vallée de Chamonix ». Les guides ne peuvent quitter leur service pendant les mois de mai à septembre.

L'article 15 du règlement prévoit des courses extraordinaires et ordinaires. Sont courses extraordinaires: sur la cime du Mont-Blanc, au Jardin, sur les Glaciers, « excepté ceux qui descendent dans la vallée et également sur ces derniers, si le voyageur veut dépasser la ligne où cesse la végétation », sur les glaciers du Buet. Les courses « dans les autres endroits » sont des courses ordinaires. L'ascension du Mont-Blanc a des règles spéciales déjà exposées. Les autres courses extraordinaires sont au tarif de dix livres par jour et deux guides sont obligatoires. Pour les ordinaires, sept livres et un guide. Mais il est bien précisé que « l'obligation du nombre de guides n'est pas imposée aux voyageurs, puisqu'ils peuvent toujours aller seuls, s'ils le jugent convenable ». Les guides doivent, au contraire, respecter le règlement « pour la sûreté des étrangers ». Il est établi un tour de rôle des guides. Ceux-ci doivent « être pourvus à leurs frais... des outils

nécessaires, c'est-à-dire des cordes, fers et autres qui pourraient être nécessaires pour la sûreté des voyageurs auxquels ils devront fournir gratuitement les piques dont ils auraient besoin pour marcher sur les glaciers. Le guide-chef aura soin que les instruments soient de bonne qualité, suffisants et adaptés à la course. »

Le service intérieur est réglementé avec précision : réclamations, tours de rôle, interdiction à « tout individu de faire le guide » sans faire partie de la Compagnie (trente livres d'amende). L'article 34 : « Il est défendu à tout guide d'entreprendre une course les jours de fête, sans avoir au préalable rempli les devoirs de la religion, et avoir entendu la sainte messe » (dix livres d'amende).

Ce premier règlement subira de nombreuses modifications dans un sens de sévérité : âge plus élevé, moralité à toute épreuve, certificat médical, examen technique de plus en plus difficile, liste de courses obligatoires. Mais les voyageurs auront plus de facilités : libre choix des guides pour les dames, nombre de guides moins élevé, etc. Les règlements de 1852, 1859 et 1862, commençant à tenir compte de l'évolution très nette de l'alpinisme, simplifieront les obligations et donneront enfin des listes de courses adaptées au nouvel état d'esprit.

Paul Payot
Au royaume du Mont-Blanc

Les guides de Chamonix

Les guides de Chamonix, parmi lesquels vivent encore toutes les traditions de De Saussure, et qui doivent principalement aux savants de Genève, avec lesquels ils ont été

"Avancez, s'il vous plaît Monsieur"
(with apologies to the Author!)

particulièrement en contact, l'esprit d'instruction et le tact des bonnes manières, sont, au fait, d'agréables compagnons de voyage, tout autant que des guides excellents, et il faudrait être soi-même bien dépourvu de curiosité ou bien mal à propos dédaigneux pour s'ennuyer dans leur compagnie. Instruits de tout ce qui concerne les montagnes, causant bien et avec sens, comme tous les Savoyards, riches d'aventures à conter, et, au demeurant, observateurs par état, il n'y a sortes d'intéressantes choses que l'on ne puisse tirer d'eux et nous sommes de ceux qui trouverions leur conversation toute seule achetée à très bon compte au prix de 6 francs par jour. A peine tenons-nous Jean Payot que les questions lui pleuvent de vingt-deux côtés à la fois, en sorte que pendant la première demi-heure, il ne sait trop auquel répondre. En attendant, il nous fait observer que dans ce moment le mont Blanc est voilé, non pas de nuages, comme nous l'imaginons, mais de neige soulevée par le vent et formant en effet, des traînées confuses et sans contours.

Rodolphe Toepffer,
Nouveaux voyages en zigzag

Un client original

A vrai dire, dans toute ma carrière de guide, je n'ai pas accompagné plus de vingt clients vraiment à l'aise dans les courses entreprises ensemble. Trois ou quatre au plus étaient capables de me suivre lorsque je « mettais le grand braquet ». Un de ceux-ci m'a fait vivre une journée inhabituelle et somme toute amusante. C'était un Suisse alémanique : il n'avait jamais fait d'ascension avec guide, mais son camarade de cordée s'étant blessé, il m'avait engagé afin de ne pas perdre les derniers jours de ses vacances.

Nous étions partis pour le Grépon versant de la Mer de Glace, grande classique déjà longue et difficile. Le soir en montant à la petite cabane-bivouac de la Tour Rouge, installée dans une position aérienne, vers le quart inférieur de la muraille, j'avais remarqué la facilité étonnante avec laquelle grimpait ce nouveau client.

Au matin, dès le départ, j'attaquai assez sec et, voyant que mon second suivait sans peine, bientôt, je « mis toute la gomme ». De temps en temps, je me retournais pour voir s'il ne faiblissait pas, mais il était toujours là, souriant et à peine essoufflé. A deux ou trois reprises, par politesse, je lui demandais : « Ça va ? Pas trop vite ? » et invariablement, il répondait : « Non, non, très bien ! »

Lionel Terray, né à Grenoble en 1921, guide professionnel, fut l'un des plus grands alpinistes contemporains. Il trouva la mort au cours d'une escalade dans le Vercors le 19 septembre 1965.

De loin en loin, il s'arrêtait un instant et, avec une étonnante dextérité, ouvrait l'appareil photographique qu'il portait sur la poitrine, visait et appuyait sur le déclic.

Lorsque le terrain devint plus difficile et qu'il fallut progresser par longueur de corde, la cadence se ralentit à peine ; quand arrivé au sommet du passage, je me retournai, il avait déjà gravi quelques mètres et avec une agilité d'écureuil, me rejoignait en quelques secondes.

Malgré une vingtaine d'arrêts-photo, nous atteignîmes le sommet trois heures et demie après avoir quitté la cabane, c'est-à-dire au moins une heure et demie plus vite que je ne l'avais espéré.

Il était 8 h 30. Je me sentais en grande forme ; ce client grimpait comme un avion ; il nous restait bien assez de temps pour faire une autre course. Je suggérai de traverser toute la face ouest de l'Aiguille de Blaitière pour aller rejoindre l'arête sud du Fou et terminer la journée par cette belle escalade. Une telle combinaison d'itinéraire était une idée originale et même « farfelue » mais la réussir me paraissait amusant et quelle merveilleuse « cavalcade » il aurait fallu faire !...

A ma grande déception, mon Helvète me répondit avec beaucoup de douceur :

– Oh ! non, monsieur Terray, cela ne m'intéresse pas. J'ai trouvé amusant de grimper très vite comme nous venons de le faire ; jamais je n'avais fait cela avant, mais j'en ai assez maintenant, parce que moi, voyez-vous, ce que j'aime en montagne, c'est le contact de la nature, la contemplation des merveilleux paysages de la montagne. D'ailleurs, comme le temps est splendide et que vous êtes engagé pour la journée, nous allons rester ici jusqu'à midi !...

Lionel Terray
Les Conquérants de l'Inutile

Anthologie

La réputation du mont Blanc a attiré à Chamonix un grand nombre de célébrités, particulièrement dans le monde des arts et des lettres. Naturellement, les poètes et les écrivains ont, chacun à leur manière, tiré leur révérence au monarque des Alpes : Victor Hugo solennellement, Alphonse Daudet avec humour, Rodolphe Toepfer en dessinant.
Chateaubriand s'est distingué en ne trouvant rien d'admirable au mont Blanc...

François-René Chateaubriand (1768-1848). L'auteur des Mémoires d'outre-tombe, le chef de file du romantisme français, fut un fou de la nature et un passionné de voyages. Mais autant il excella en admirables images sur des paysages de plaine, autant la vue des montagnes lui parut peu digne d'intérêt...

(...) Il en est des monuments de la nature comme de ceux de l'art : pour jouir de leur beauté, il faut être au véritable point de perspective, autrement, les formes, les couleurs, les proportions, tout disparaît. Dans l'intérieur des montagnes, comme on touche à l'objet même, et comme le champ de l'optique est trop resserré, les dimensions perdent nécessairement leur grandeur, chose si vraie que l'on est continuellement trompé sur les hauteurs et sur les distances. J'en appelle aux voyageurs : le mont Blanc leur a-t-il paru fort élevé dans la vallée de Chamonix ? Souvent un lac immense dans les Alpes a l'air d'un petit étang ; vous croyez arriver en quelques pas au haut d'une pente que vous êtes trois heures à gravir ; une journée entière vous suffit à peine pour sortir de cette gorge, à l'extrémité de laquelle il semblait que vous touchiez de la main. Ainsi, cette grandeur des montagnes, dont on fait tant de bruit, n'est réelle que par la fatigue qu'elle vous donne. Quant au paysage, il n'est guère plus grand à l'œil qu'un paysage ordinaire. (...)

Ceux qui ont aperçu des diamants, des topazes, des émeraudes dans les glaciers, sont plus heureux que moi ; mon imagination n'a jamais pu découvrir ces trésors. Les neiges du bas Glacier des Bois mêlées à la poussière de granit, m'ont paru semblables à de la cendre ; on pourrait prendre la Mer de Glace, dans plusieurs endroits, pour des

TÉMOIGNAGES ET DOCUMENTS 141

carrières de chaux et de plâtre ; ses crevasses seules offrent quelques teintes du prisme, et quand les couches de glace sont appuyées sur le roc, elles ressemblent à de gros verres de bouteille.

Ces draperies blanches des Alpes ont d'ailleurs un grand inconvénient : elles noircissent tout ce qui les environne, et jusqu'au ciel dont elles rembrunissent l'azur. Et ne croyez pas que l'on soit dédommagé de cet effet désagréable par les beaux accidents de la lumière sur les neiges. La couleur dont se peignent les montagnes lointaines est nulle pour le spectateur placé à leur pied. La pompe dont le soleil couchant couvre la cime des Alpes de la Savoie n'a lieu que pour l'habitant de Lausanne. Quant au voyageur de la vallée de Chamonix, c'est en vain, qu'il attend ce brillant spectacle. Il voit comme du fond d'un entonnoir, au-dessus de sa tête une petite portion d'un ciel bleu et dur, sans couchant et sans aurore ; triste séjour où le soleil jette à peine un regard à midi par-dessus une barrière glacée... (...)

De petits oiseaux muets, voletant de glaçons en glaçons, des couples assez rares de corbeaux et d'éperviers, animent à peine ces solitudes de neiges et de pierres où la chute de la pluie est presque toujours le seul mouvement qui frappe les yeux. Heureux quand le pivert, annonçant l'orage, fait retentir sa voix cassée au fond d'un vieux bois de sapins ! Et pourtant ce triste signe de vie rend plus sensible la mort qui vous environne. Les chamois, les bouquetins, les lapins blancs sont presque entièrement détruits ; les marmottes même deviennent rares, et le petit Savoyard est menacé de perdre son trésor. Les bêtes sauvages ont été remplacées sur les sommets des Alpes par des troupeaux de vaches, qui regrettent la plaine aussi bien que leurs maîtres. Couchés dans les herbages du pays de Caux, ces troupeaux offriraient une scène aussi belle, et ils auraient en outre le mérite de rappeler les descriptions des poètes de l'antiquité.

Il ne reste plus qu'à parler du sentiment qu'on éprouve dans les montagnes. Eh bien ! ce sentiment, selon moi, est fort pénible. Je ne puis être heureux là où je vois partout les fatigues de l'homme et ses travaux inouïs qu'une terre ingrate refuse de payer. Le montagnard qui sent son mal, est plus sincère que le voyageur ; il appelle la plaine *le bon pays* et ne prétend pas que des rochers arrosés de ses sueurs, sans en être plus fertiles, soient ce qu'il y a de meilleur dans les distributions de la Providence. S'il est très attaché à la montagne, cela tient aux relations merveilleuses que Dieu a établies entre nos peines, l'objet qui les cause et les lieux où nous les avons éprouvées ; cela tient aux souvenirs de l'enfance, aux premiers sentiments du cœur, aux douceurs et même aux rigueurs de la maison paternelle.

Mais les montagnes sont le séjour de la rêverie ? J'en doute, je doute qu'on puisse rêver lorsque la promenade est une fatigue ; lorsque l'attention que vous êtes obligé de donner à vos pas occupe entièrement votre esprit. L'amateur de la solitude qui *bayerait aux chimères* en gravissant le Mentenvers pourrait bien tomber dans quelque puits comme l'astrologue qui prétendait lire au-dessus de sa tête et ne *pouvait voir à ses pieds...* (...)

Chateaubriand,
Voyage au Mont Blanc

Eugène Viollet-Le-Duc (1814-1879) fut un passionné des montagnes. Il fit de nombreux séjours à Chamonix où il construisit même un chalet, à la Côte. Il fit le tour du mont Blanc et du mont Rose en 1870. Son Mont Blanc *contient des observations passionnantes.*

On rencontre dans les Alpes des habitués *ascensionnistes* comme on voit à Baden ou à Monaco des familles du tapis vert. Est-ce l'amour de la science qui les pousse ? Non, ils montent pour monter.

Dans la vallée, on les rencontre préoccupés ; ils se jettent sur les livres qui décrivent les altitudes, s'enquièrent des meilleurs guides, consultent les oscillations barométriques, endossent l'habit des montagnards, se lèvent au milieu de la nuit pour partir... Arrivés sur quelque sommet, s'y arrêtent-ils ? Semblent-ils impressionnés par le spectacle qui se déroule à leurs pieds ? Non, ils redescendent plus vite pour recommencer le lendemain sur un autre pic.

J'ai maintes fois eu l'occasion d'observer ces malades du mal de l'ascension, et j'avoue qu'ils m'inspirent une sincère sympathie. Ce sont des gens à la recherche d'un inconnu.

L'Angleterre fournit le plus fort contingent de cette classe de passionnés. Parfois l'un d'entre eux reste au fond d'une crevasse ou tombe de quelques centaines de mètres, comme ces joueurs qui finissent par le suicide. On ne plaint guère plus les uns que les autres.

En France, ces amants platoniques des altitudes sont rares et c'est tant pis. A part quelques savants français qui ont apporté leur contingent d'observations aux sciences géologiques, géodésiques et météorologiques, et qui, par de très remarquables travaux ont acquis dans le monde une juste renommée, on ne compte chez nous qu'un petit nombre de ces amateurs montagnards que l'Angleterre, la Suisse, l'Amérique et l'Allemagne possèdent par milliers.

Viollet-le-Duc,
Le mont Blanc

Alexandre Dumas (1803-1870). Lors d'un voyage en Suisse en 1832, il fit halte à Chamonix et «interviewa» Jacques Balmat du mont Blanc, Marie Paradis, la première femme à avoir atteint le sommet et Marie Couttet, rescapée du premier accident de montagne en 1820!

(...) En approchant de l'hôtel, j'aperçus. sur le banc placé devant la porte, un vieillard de soixante-dix ans, à peu près, qui se leva et vint à ma rencontre sur un signe que lui fit le garçon d'auberge qui causait avec lui. Je devinai que c'était mon convive, et j'allai au-devant de lui en lui tendant la main.

Je ne m'étais pas trompé : c'était Jacques Balmat, ce guide intrépide qui, au milieu de mille dangers, atteignant le premier la sommité la plus élevée du mont Blanc, avait frayé le chemin à de Saussure. Le courage avait précédé la science.

Je le remerciai de m'avoir fait l'honneur d'accepter mon invitation. Le brave homme crut que je me moquais de lui : il ne comprenait pas qu'il fût pour moi un être tout aussi extraordinaire que Colomb, qui trouva un monde ignoré, ou que Vasco, qui retrouva un monde perdu.

J'invitai mon guide à dîner avec son doyen ; il accepta avec autant de simplicité qu'il en avait mis à refuser mon argent ; nous prîmes place à table. J'avais commandé la carte au garçon : mes convives parurent contents.

Au dessert, je mis la conversation sur les exploits de Balmat. Le vieillard, que le vin de Montmeillan avait rendu gai et bavard, ne demandait pas mieux que de me les conter. Le surnom de Mont-Blanc, qu'il a conservé, prouve du reste qu'il est fier des souvenirs que j'invoquais.

Il ne se fit donc pas prier lorsque je l'invitai à me raconter tous les détails de sa périlleuse entreprise.

Je pris mon album et mon crayon, et je me préparai à écrire.

C'est donc le récit pur et simple de Balmat que je vais mettre sous les yeux du lecteur.

« – Hum ! C'était, ma foi, en 1786 ; j'avais vingt-cinq ans, ce qui m'en fait aujourd'hui, tel que vous me voyez, soixante-douze bien comptés.

» J'étais bon là... Un jarret du diable et un estomac d'enfer ! J'aurais marché trois jours de suite sans manger. Ça m'est arrivé une fois, que j'étais perdu dans le Buet. J'ai croqué un peu de neige, voilà tout. Je me disais de temps en temps, en regardant le mont Blanc de côté :

» – Oh ! farceur, tu as beau faire et beau dire, va, je te grimperai dessus quelque jour. Enfin, c'est bon...

» Voilà que ça me trottait toujours dans la tête, le jour comme la nuit. Le jour, je montais dans le Brévent, d'où l'on voit le mont Blanc comme je vous vois, et je passais des heures entières à chercher un chemin.

» – Bah ! J'en ferai un, s'il n'y en a pas, que je disais ; mais il faut que j'y monte.

» La nuit, c'était bien autre chose : je n'avais pas plus tôt les yeux fermés que j'étais en chemin. Je montais d'abord comme s'il y avait eu une route royale, et je me disais :

» – Pardieu ! J'étais bien bête de croire que c'était si difficile d'arriver au mont Blanc. (...) »

Alexandre Dumas,
Impressions de voyage en Suisse

Théophile Gautier (1811-1872) se rendait souvent à Genève, tout près du mont Blanc, et il aimait profondément les montagnes, toutes celles qu'il parcourut au cours de ses nombreux voyages. Il fut le premier écrivain français à décrire une cordée rentrant de course.

Au débouché de la vallée de Magland, nous éprouvâmes un éblouissement d'admiration : le mont Blanc se découvrit soudain à nos regards si splendidement magnifique, si en dehors des formes et des couleurs terrestres, qu'il nous sembla qu'on ouvrait devant nous à deux battants les portes du rêve. On eût dit un énorme fragment de la lune tombé là du haut du ciel. L'éclat de la neige étincelante qui frappait le soleil eût rendu noires toutes les comparaisons de la *Symphonie en Blanc Majeur*. C'était le blanc idéal, le blanc absolu, le blanc de lumière qui illumina le Christ sur le Thabor. Des nuages superbes, du même ton que la neige et qu'on ne distinguait qu'à leur ombre, montaient et descendaient le long de la montagne comme des anges sur l'échelle de Jacob, à travers des ruissellements de clarté et, dépassant le sommet sublime qu'ils prolongeaient dans le ciel, semblaient, avec l'envergure de leurs ailes immenses, prendre l'essor vers l'infini. Parfois le rideau de nuages se déchirait et par la vaste ouverture, le vieux mont Blanc apparaissait à son balcon, et comme le roi des Alpes, saluait son peuple de montagnes. Il daignait se laisser voir quelques minutes, puis il refermait le rideau. Ce mélange de nuages et de neiges, ce chaos d'argent, ces vagues de lumière se brisant en éclairs de blancheur, ces phosphorescences diamantées voudraient, pour être exprimées, des mots qui manquent à la langue humaine et que trouverait le rêveur de l'Apocalypse dans l'extase de la vision. (...)

Théophile Gautier
Les Vacances du lundi

Jules Michelet (1798-1874). Ce grand historien a consacré à la montagne l'un de ses ouvrages populaires, La Montagne, *écrit en collaboration avec sa femme. Dans ce livre passionné, écrit par amour pour la montagne, certaines très belles pages font quelquefois place à d'autres dont la documentation paraît douteuse...*

Examinons les terreurs qui l'environnaient alors : Chamonix était ignoré, inconnu au pays même. On ne tournait guère, en bas par la longue et triste vallée. C'était plutôt le passant qui, suivant le couloir de N.-D.-de-la-Gorge (un chemin vers l'Italie), par hasard, était curieux et montait au Prarion, regardait de là le mont Blanc. Mais quel vis-à-vis terrible ! On est près de lui à deux pas. Ce n'est pas comme de loin, l'effet d'un immense cadavre, allongé, qui à la tête et aux pieds, a d'autres Alpes. De près on le voit en hauteur, seul, un immense moine blanc enseveli dans sa chape et son capuchon de glace, mort et cependant debout. D'autres y voient un éclat, un débris de l'astre mort, de la pâle et stérile lune, une planète sépulcrale au-dessus de la planète.

Si l'on va par Chamonix pour prendre le pied du mont, on se voit dans une impasse lugubre 8 mois de l'année (ne la jugez pas au moment où vient la foule bruyante, quelques jours au grand soleil). La forcla du Prarion, la forcla de la Tête-Noire serrent et ferment la vallée. On y est comme enfermé. Chateaubriand a senti que, sous le pied du colosse, sous cette énorme grandeur, on a peine à respirer. Combien on est plus à l'aise au mont Cenis, au Saint-Gothard ! Leurs sommets, tout sérieux qu'ils peuvent être, n'en sont pas moins les grandes routes, les voies naturelles de toute vie animée. Que de chevaux, que de troupeaux, même d'oiseaux voyageurs. Le mont Blanc ne conduit à rien ; c'est un ermite, ce semble, dans sa rêverie solitaire.

Étrange énigme des Alpes. Tandis que toutes, elles parlent par d'innombrables cours d'eau, tandis que le Saint-Gothard, expansif, généreusement verse aux quatre vents, quatre fleuves qui font tant de bruit dans le monde, – le mont Blanc, ce grand avare, donne à peine deux petits torrents (qui grossiront, mais plus bas, enrichis par d'autres eaux). A-t-il des sorties souterraines ? Tout ce qu'on voit, c'est qu'il reçoit toujours et donne très peu. Doit-on croire que, discrètement, ce muet thésauriseur amasse pour la soif future, pour les sécheresses du globe, le trésor de sa vie cachée ?

Jules Michelet,
La Montagne

Charles Dickens (1812-1870). En 1844-1845, rentrant d'Italie, Dickens traversa les Alpes dont les majestueux paysages le séduisirent d'emblée. Un an plus tard, il se rendit à Chamonix avec sa femme et son fils. Au retour, il écrivit la lettre à Forster citée ici.

Le mont Blanc, la vallée de Chamonix, la Mer de Glace et toutes les merveilles de ce merveilleux endroit sont au-dessus et au-delà des espoirs les plus insensés. Je ne puis rien imaginer dans la nature de plus stupéfiant et de plus sublime. Si j'avais à écrire quelque chose maintenant, je divaguerais complètement, tant sont prodigieuses les impressions qui bouillonnent en moi... Vous vous doutez que le voyage à mulet est plutôt primitif. Chaque personne emmène un sac de tapisserie qui est attaché sur la bête derrière lui ou elle, et c'est tout. Un guide, montagnard pur-sang, fait tout le trajet à pied en menant le mulet de la dame (je dis « la dame » par excellence pour rendre hommage à Kate) et le reste se débrouille au mieux. La caravane fait halte dans une hutte solitaire, pendant une demi-heure au milieu de la journée et festoie avec ce qu'elle peut se procurer. En passant par le col de Balme vous grimpez de plus en plus haut pendant cinq heures et plus et, d'une espèce de rebord, de sentier sans garde-fou, vous plongez dans des vallées si terribles que vous finissez par être bien persuadé que vous êtes arrivé plus haut que n'importe quoi au monde et qu'il n'y a rien de terrestre au-dessus de vous. Juste au moment où vous arrivez à cette conclusion, un air différent – et Dieu sait combien il est libre et délicieux ! – vous souffle au visage, vous traversez une arête de neige et, tendue devant vous et totalement invisible jusqu'à cet instant, se dressant sur le fond du ciel, se révèle la vaste chaîne du mont Blanc, avec ses montagnes secondaires qui paraissent toutes petites, sur ses flancs majestueux, mais qui s'élèvent en innombrables ébauches de clochetons gothiques ; des déserts de neige et de glace, des forêts de sapins sur les pentes des montagnes, qui perdent toute importance dans ce paysage gigantesque, dans les creux des villages que vous pouvez dissimuler avec un seul doigt, des cascades, des avalanches, des pyramides et des tours de glace, des torrents, des ponts, des montagnes entassées les unes sur les autres, au point de masquer le ciel et de vous forcer à lever la tête pour le voir.

Charles Dickens,
Dans *Life of Dickens* de J. Forster

Désintéressement

Le mont Blanc que cent monts entourent de leur chaîne
Comme dans les bouleaux le formidable chêne,
Comme Samson parmi les enfants d'Amalec,
Comme la grande pierre au centre du cromlech,
Apparaît au milieu des Alpes qu'il encombre ;
Et les monts, froncements du globe, relief sombre,
De la terre pétrie aux pieds de Jéhovah,
Croûte qu'en se dressant quelque Satan creva,
L'admirent, fiers sommets que la tempête arrose.
– Grand! dit le mont Géant. – Et beau! dit le mont Rose. (...)
Tous, du lac au chalet, de l'abîme au vallon,
Roulant la nue aux cieux et le bloc aux moraines,
Aiguilles, pics de neiges et cimes souveraines,
Autour du puissant mont chantent, chœur monstrueux :
– C'est lui ! le pâtre blanc des monts tumultueux !
Il nous protège tous, et tous il nous dépasse,
Il est l'enchantement splendide de l'espace ;
Ses rocs sont épopée et ses vallons romans,
Il mêle un argent sombre aux moires du Léman,
L'océan aurait peur sous ses hautes falaises,
Et ses brins d'herbe sont plus fiers que nos mélèzes ;
Il nous éclaire après que l'astre s'est couché,
Dans le brun crépuscule il apparaît penché,
Et l'on croit de Titan voir l'effrayante larve. (...)
Ses précipices font reculer les chamois ;
Sur son versant sublime il a les douze mois ;
Il est plus haut, plus pur, plus grand que nous ne sommes ;
Et nous l'insulterions si nous étions des hommes.

Victor Hugo,
La Légende des Siècles

*Victor Hugo (1802-1885) visite la Savoie en 1825. Chamonix et la vision grandiose du mont Blanc sont l'ultime étape de ce voyage. Dans la grande tradition des promeneurs solitaires, Victor hugo sait trouver un accord profond entre la majesté née des montagnes et l'émotion née du sublime et de la fascination qu'il éprouve.
Ce long poème, Désintéressement, tiré de* La Légende des Siècles, *en est un vibrant exemple.*

L'invention des sports d'hiver

Depuis des milliers d'années, les Scandinaves utilisaient des « patins à neige » pour se déplacer, parfois sur de très longues distances, et toujours en terrain plat. Dans les Alpes, c'est seulement vers 1900 que les skis font leur apparition, en particulier à Chamonix, capitale de l'alpinisme où sont organisées les premières grandes compétitions : celles de 1908, restées célèbres, et celles de 1924, premiers Jeux olympiques d'hiver.

Le rodage des « patins norvégiens » sur les pentes du mont Blanc

On peut se demander pourquoi une région aussi propice que Chamonix à la pratique du ski n'a pas connu plus tôt cette invention à la fois simple et géniale : avec de la neige en abondance, des pentes aussi variées que possible, un site incomparable, des hôtels auxquels manquait seulement le chauffage central, une ligne de chemin de fer (celle du P.L.M.), que fallait-il de plus pour que le ski y devienne une activité aussi populaire que l'alpinisme ?...
Il fallait un homme capable d'« inventer » les sports d'hiver, c'est-à-dire de convaincre ses amis guides, commerçants et hôteliers que l'hiver ne devait plus être une « morte-saison », et que la neige n'était pas un fléau, mais un atout fantastique.

Une fois encore, et comme pour la première ascension du mont Blanc, à un siècle d'intervalle, l'homme providentiel sera un médecin : le docteur Michel Payot. Né en 1869, il a exercé à Paris pendant plusieurs années avant de regagner sa vallée natale. Il a entendu parler du ski dans quelques revues étrangères et bientôt, il imagine le parti qu'il pourra tirer de cet instrument nouveau : les « patins norvégiens ». Il sera en mesure de visiter ses malades les plus isolés, sans doute même lui sera-t-il possible de continuer à pratiquer l'alpinisme pendant l'hiver.

Dès février 1902, le docteur Payot se fait donc envoyer deux paires de skis et, avec son ami le guide Joseph Ducroz, il se lance dans une première excursion au col de Balme : départ du village du Tour à 13 heures et retour quatre heures plus tard avec la certitude

TÉMOIGNAGES ET DOCUMENTS 149

Les concours de ski à Chamonix dans les années 1900, et l'équipe norvégienne en 1908

que son idée est bonne et que le ski va transformer la vie des Chamoniards... à condition d'apprendre à s'en servir. Il s'entraîne donc en effectuant à skis ses visites aux malades et en perfectionnant sur les pentes du Brévent ou d'Argentière une technique encore trop rudimentaire : faute de moniteur, il doit lui-même inventer les mouvements élémentaires de la marche, du virage et surtout de l'arrêt ! Il doit trouver seul la manière d'attacher ses chaussures aux fixations en osier (les fixations métalliques ne seront inventées que quelques années plus tard par les Autrichiens) ; il doit également apprendre seul le maniement du bâton (l'usage du double bâton ne se généralisera en France qu'après les premières compétitions) : faut-il s'appuyer sur ce long bâton, faut-il s'en servir comme d'une rame ou bien s'asseoir dessus à califourchon ?... Il doit enfin mettre au point lui-même une tenue adaptée à ce sport nouveau dont l'apprentissage offre de nombreuses occasions de contact avec la neige...

En 1907, le Club alpin français, qui s'intéresse lui aussi au ski, organise un premier « concours international » à Montgenèvre (près de Briançon dans le Dauphiné). La réussite est telle que les organisateurs annoncent un deuxième « concours international ». Le docteur Payot, présent à Montgenèvre, propose alors la candidature de Chamonix et c'est dans l'enthousiasme général que les concurrents se donnent rendez-vous au pied du mont Blanc pour l'année suivante.

En février 1908, le « grand meeting de Chamonix » consacre de façon magistrale les efforts du docteur Payot : guides, amateurs, enfants et militaires de France, de Suisse et de Norvège s'affronteront sous l'œil incrédule et amusé de très nombreux journalistes. Les militaires français (les premiers compétiteurs sont en effet des militaires) ne sont pas encore à leur meilleur niveau, et leur maîtrise technique apparaît bien modeste au regard de leurs concurrents norvégiens. Ils n'utilisent encore qu'un bâton, très long, et pour s'arrêter, il leur arrive encore de recourir à la bonne vieille méthode de l'« arrêt Briançon » (c'est-à-dire de s'asseoir dans la neige...). D'ailleurs, les résultats ne sont guère flatteurs : les premiers franchiront la ligne d'arrivée une heure et demie après les Norvégiens ! Mais ce « désastre des épreuves militaires » n'entamera pas leur bonne humeur, et, persuadés que la maîtrise du ski représente pour l'armée française un intérêt stratégique essentiel (la France possède des frontières en zone de montagne dont la garde, en hiver, ne peut être assurée que par des hommes capables de se déplacer rapidement sur la neige), les bataillons alpins s'adjoindront bientôt le concours d'instructeurs norvégiens.

Quant aux dames, c'est à Chamonix qu'elles eurent droit pour la première fois de participer à une compétition de ski ; sans quitter leur robe bien sûr, car en 1908, la bienséance interdisait aux femmes de se mettre en pantalon.

A Chamonix, les premiers Jeux olympiques d'hiver de l'histoire

Le 21 juin 1921 la décision d'associer les sports d'hiver aux prochains Jeux olympiques d'été organisés tous les quatre ans, est prise par le Comité olympique international au cours de son congrès de Lausanne. Mais c'est seulement quatre ans plus tard que le Comité olympique, acceptant officiellement la candidature de Saint-Moritz pour l'organisation des *deuxièmes* Jeux olympiques d'hiver reconnaît, a posteriori, que « les sports d'hiver de Chamonix donnés à l'occasion de la huitième olympiade (celle de Paris) doivent être considérés comme les *premiers* Jeux olympiques d'hiver de l'histoire ».

Le docteur Payot, malheureusement, ne vivra pas assez longtemps pour assister à cette consécration, et constater qu'une fois encore, le pays du Mont-Blanc est au rendez-vous de l'histoire.

Mais transformer une station de sports d'hiver en cité olympique n'est pas une mince affaire ; les Chamoniards s'en rendent compte très vite. Pour accueillir les seize nations engagées (représentant 416 concurrents), il leur faut aménager une piste de bobsleigh, un tremplin, un parcours de ski de fond et le plus grand stade de glace du monde : 30 000 mètres carrés !

Le 31 mai 1923, les Chamoniards commencent à endiguer l'Arve, puis, à l'aide d'un puissant excavateur (à vapeur...!) et de wagonnets, ils entreprennent de charrier plusieurs dizaines de milliers de mètres cubes de terre depuis le bois du Bouchet (creusant ainsi l'emplacement de l'actuel lac du Bouchet) jusqu'à l'emplacement des patinoires. Mais bientôt, il devient évident que le stade ne sera pas prêt en temps voulu. Alors les Chamoniards décident de travailler jour et nuit, sans interruption. Finalement, les installations sont livrées avec seulement un mois de retard et, fin décembre 1923 la neige, tombée régulièrement, permet enfin d'envisager l'avenir avec optimisme : les Jeux doivent commencer le 25 janvier 1924.

Au prix d'une mobilisation générale, les installations sont prêtes à temps et le défilé inaugural a lieu comme prévu sous l'œil enfin rassuré du secrétaire du Comité des sports d'hiver : par ordre alphabétique se présentent l'Autriche, le Canada, l'Estonie, les États-Unis, la Finlande, la France, la Grande-Bretagne, l'Italie, la Norvège, la Pologne, la Suède, la Suisse, la Tchécoslovaquie et la Yougoslavie. Dans la tribune officielle, aux côtés de Georges Vidal, sous-secrétaire d'État à l'enseignement technique et représentant le gouvernement français (il n'y a pas à cette époque de ministre des Sports) et de Jean Lavaivre, maire de Chamonix, siège le baron Pierre de Coubertin, président du Comité olympique international et fondateur des Jeux olympiques modernes.

Les Scandinaves sont les grands triomphateurs de ces premiers Jeux olympiques d'hiver : imbattables dans les épreuves de ski avec huit premières places dans la course du 50 kilomètres et onze dans celle du 18 kilomètres, ils s'adjoignent également toutes les médailles au concours de saut, battant au passage le record du monde de l'époque avec un bond de 58,5 mètres ; quasi imbattables dans les sports de glace individuels où ils n'abandonnent qu'une médaille (l'épreuve du 500 mètres, remportée par un Américain), ils laisseront à Chamonix le

souvenir de cette petite patineuse de douze ans – Sonja Henie – dont l'honorable huitième place allait être le point de départ d'une éblouissante carrière sportive (médaille d'or quatre ans plus tard à Saint-Moritz, elle conservera son titre pendant dix ans!).

Le tournoi olympique de hockey consacre l'indiscutable suprématie des Canadiens qui, sans encaisser un seul but, en marqueront 85 à leurs adversaires au cours des trois premières rencontres! Ils termineront en finale par une victoire de 6 à 0 sur les Américains après avoir marqué un total de 132 buts au cours du tournoi!... En bobsleigh, les Suisses réalisent le meilleur temps (moyenne de 60 km/h) sur la terrible piste aux dix-neuf virages.

Le bilan de ces premiers Jeux olympiques d'hiver est une réussite incontestable: plus de 10 000 spectateurs (contre 100 000 au stade de Colombes où se disputeront les épreuves d'été), des performances de très haut niveau, une inoubliable cérémonie de clôture au cours de laquelle le baron Pierre de Coubertin déclarera: «Les sports d'hiver sont parmi ceux dont la pureté est la plus grande et c'est pourquoi j'ai, pour ma part, tant désiré les voir prendre place de façon définitive dans les manifestations olympiques. Ils nous aideront à veiller autour de l'idée sportive afin de la préserver du mal.»

Les pays scandinaves, satisfaits de leur moisson de médailles, ne s'opposeront plus désormais à la reconnaissance des sports d'hiver comme disciplines olympiques et accepteront sans réserves la candidature de Saint-Moritz (Suisse) pour les deuxièmes Jeux olympiques d'hiver en 1928. Quant aux organisateurs, ils poussent un soupir de soulagement... et de fierté aussi, car la performance la plus remarquable de ces Jeux est sans doute leur organisation même, par cette vieille capitale de l'alpinisme qui, en quelques mois, est devenue la première station de sports d'hiver du monde.

Et parmi les organisateurs, sans doute le secrétaire du Comité des Sports d'Hiver n'est-il pas le moins heureux, lui qui a vécu sur le terrain toutes les péripéties de ces derniers mois. Fort de cette inoubliable expérience, il va maintenant se consacrer au journalisme, puis devenir guide et publier des livres: *Premier de cordée* d'abord, puis *La Grande Crevasse*, et beaucoup d'autres encore. Car en 1924, le secrétaire du Comité des sports d'hiver de Chamonix ne sait pas qu'un jour il sera très célèbre; la seule chose dont il soit tout à fait sûr, c'est de s'appeler Roger Frison-Roche...

Yves Ballu

Les drames du mont Blanc

L'histoire du mont Blanc est malheureusement émaillée d'accidents, de drames terribles. Dès 1820, trois guides sont ensevelis sous une avalanche; quelques années plus tard, une caravane de onze personnes prise par le mauvais temps est complètement décimée. Plus récemment, en 1956, deux alpinistes meurent de froid et d'épuisement après qu'un hélicoptère venu leur porter secours a capoté dans la neige à 4 500 mètres d'altitude.

Le premier drame du mont Blanc : le docteur Hamel

Qui est le chef, en montagne ?... Est-ce le guide qui généralement connaît bien l'itinéraire, ou bien le client qui a payé pour aller au sommet ?

Le problème se pose pour la première fois en 1820 lorsqu'une caravane de dix-huit alpinistes, douze guides et six "voyageurs", s'arrête aux Grands Mulets, bloquée par le mauvais temps. Joseph-Marie Couttet, chef des guides, pense qu'il vaut mieux faire demi-tour : la neige qui tombe en abondance rend la suite de l'ascension dangereuse, mais le docteur Hamel, « conseiller de Sa Majesté le Tsar de toutes les Russies », veut à tout prix continuer : il a payé pour être conduit au sommet du mont Blanc et il ne renoncera pas.

Après six heures d'efforts dans une neige épaisse, la caravane est en vue du sommet lorsqu'un « horrible craquement » retentit à hauteur des trois premiers guides, Pierre Balmat, Auguste Tairraz et Pierre Carrier, occupés à tailler des marches en tête de cordée : c'est une avalanche !...

En un instant, guides et voyageurs sont précipités pêle-mêle, emportés par l'affreuse marée glaciale et pulvérulente. Deux bras émergent. On se précipite, on tire et quelques cris étouffés permettent d'identifier le guide David Couttet, frère de Joseph-Marie, qui s'en sort lui aussi. Finalement, on se compte, et on constate qu'en dépit des fouilles, des appels et des sondages, trois guides ont disparu : Pierre Balmat, Auguste Tairraz et Pierre Carrier.

Le docteur Hamel se couche alors sur la neige, y enfonce jusqu'au bout le long bâton de bois dont il se servait pour l'ascension, applique ses dents contre le bâton et appelle les trois guides l'un après l'autre, par leur nom ; puis il colle son oreille au bâton, écoutant avec une grande attention. Au cas où les malheureux guides seraient, encore vivants, emprisonnés dans une crevasse, il espère ainsi pouvoir communiquer avec eux à l'aide de ce téléphone improvisé. Mais il n'y a rien à faire...

– Nous ne reverrons pas nos pauvres compagnons en ce monde, conclut le docteur Hamel avant de donner le signal du retour.

Cet accident, le premier de l'histoire du mont Blanc, provoque une vive émotion à Chamonix et le docteur Hamel, considéré comme responsable de la catastrophe, laissera un bien mauvais souvenir.

Onze personnes disparaissent dans la tourmente

En 1870, une autre grande catastrophe survient au mont Blanc.
Le 5 septembre, trois voyageurs – John Randall et Joss Bean, Américains, et Georges Corkindale, Écossais – trois guides et cinq porteurs quittent Chamonix pour l'ascension du mont Blanc. Le lendemain, à deux heures de l'après-midi, les alpinistes sont aperçus au sommet, puis la tempête se déchaîne et pendant huit jours, aucune opération de secours n'est possible. C'est seulement le 17 septembre suivant que le guide Sylvain Couttet, chef de l'équipe de secours, découvre au sommet du Mur de la Côte cinq corps étendus les uns à côté des autres dans l'attitude d'un sommeil profond (les six autres corps ne seront jamais retrouvés).

Dans la poche de l'Américain Joss Bean, se trouve un carnet portant au crayon le témoignage de ses dernières heures d'espoir et d'agonie :

« – Mardi 6 septembre. J'ai fait l'ascension du mont Blanc avec dix personnes : huit guides, M. Corkindale et M. Randall. Nous sommes arrivés au sommet à deux heures trente. Aussitôt en le quittant, nous fûmes enveloppés par des nuages de neige. Nous avons passé la nuit dans une grotte creusée dans la neige, qui ne donnait qu'un très mauvais abri, et j'ai été malade toute la nuit.

« – 7 septembre au matin. Froid excessif ; beaucoup de neige qui tombe sans interruption ; les guides ne prennent point de repos.

« – 7 septembre au soir. Ma chère Hessie, nous avons été deux jours sur le mont Blanc au milieu d'un terrible ouragan de neige ; nous avons perdu notre chemin et nous sommes dans un trou creusé dans la neige à une hauteur de 15 000 pieds. Je n'ai plus d'espoir de redescendre. Peut-être le carnet sera trouvé et te sera remis. Nous n'avons rien à manger, nos pieds sont déjà gelés et je suis épuisé ; je n'ai plus que la force d'écrire quelques mots. Dis à C. que j'ai laissé les moyens pour son éducation ; je sais que tu les emploieras convenablement. Je meurs dans la foi de Dieu et dans des pensées d'amour pour toi. Adieu à tous.

« J'espère que nous nous retrouverons au ciel.

« A toi pour toujours. »

Yves Ballu

L'affaire Vincendon et Henry : l'une des plus dramatiques de toute l'histoire du mont Blanc

A Noël 1956, quatre hommes bivouaquent à une centaine de mètres au-dessus du col de la Brenva. Assis sur un gradin d'un mètre de large : Walter Bonatti et son client Gheser ; installés quelques dizaines de mètres plus bas : Jean Vincendon, un alpiniste français et son ami François Henry. L'arrivée soudaine du mauvais temps les a stoppés, alors qu'ils s'étaient engagés dans l'ascension hivernale du mont Blanc par l'éperon de la Brenva. Toute la nuit, ils se parlent pour se tenir éveillés car la température est de moins trente degrés ! Le lendemain matin, Bonatti jette une corde à Vincendon et Henry pour les aider à surmonter les dernières difficultés, et, bientôt, les deux hommes se retrouvent à quelques centaines de mètres du sommet avec une pente facile à surmonter :

– Maintenant, déclare Bonatti, il n'y a plus qu'à marcher jusqu'au sommet. Surtout ne cherchez pas à descendre directement sur Chamonix.

Mais les deux hommes – déjà fatigués par l'ascension de la veille, le bivouac dans le froid et deux nuits passées au refuge – laissent Bonatti partir devant et avancent lentement. La nuit les surprend à une centaine de mètres du sommet, alors que Bonatti les attend au refuge Vallot.

Le 27 décembre – troisième jour – Bonatti entreprend de descendre sur Courmayeur avec Gheser dont les pieds sont gelés. Descente terrible s'il en fut, mais le lendemain, les deux hommes atteignent le refuge Cornella. Bonatti demande aussitôt des nouvelles des autres. Vivants ! Un hélicoptère les a repérés. Mais Vincendon et Henry, à bout de forces, ont entamé la descente directe... Ils s'arrêtent pour une nouvelle nuit dans la neige. Au matin du quatrième jour, il fait toujours moins trente degrés. Ayant compris que la tentation de descendre sur Chamonix était mortelle, ils tentent de remonter, mais Vincendon déjà moribond ne peut plus faire un pas sans s'effondrer.

Durant trois jours et trois nuits, ils resteront là, mains et pieds déjà morts. Et eux, encore vivants, verront se

« Éléphant joyeux », l'hélicoptère venu secourir Vincendon et Henry, s'est écrasé à l'atterrissage.

succéder des hélicoptères impuissants à leur porter secours.

Le septième jour se lève sur un temps légèrement couvert. A la fin de la matinée, les deux hommes entendent le bruit familier des pales de l'hélicoptère. Encore une reconnaissance ? L'appareil s'éloigne... Une heure plus tard, l'hélicoptère est à nouveau au-dessus d'eux, à quelques mètres, il s'éloigne, puis s'approche à nouveau. Cette fois, il va se poser! Henry et Vincendon ferment les yeux : l'horrible cauchemar va prendre fin !

Mais un grand fracas leur fait ouvrir les yeux : le pilote aveuglé par la neige a raté l'atterrissage, l'hélicoptère a capoté puis il a glissé avant de s'immobiliser sur le côté, 25 mètres plus bas. C'est maintenant une épave ; quatre hommes en sautent et crient : « Attention, ça va exploser ! sortez ! »

Mais rien n'explose et les sauveteurs s'approchent. L'un d'eux prend des photos : Vincendon est accroupi dans la neige, la partie droite de son visage gelé est noire et paralysée, Henry, debout, est appuyé sur son épaule ; il sourit. La glace qui a soudé leurs doigts ne semble pas les déranger. Henry engage la conversation avec les sauveteurs, qui viennent de l'École de Haute Montagne de Chamonix.

– Bon, on va remonter les deux pilotes jusqu'au Dôme du Goûter, un deuxième hélicoptère les embarquera et puis on revient vous chercher, vous serez du prochain voyage.

Une demi-heure plus tard, les sauveteurs sont de retour, la mine consternée : « Décidément, on a eu encore un accident : l'un des pilotes est tombé dans une crevasse ; il est sérieusement blessé, alors on l'a transporté dans la carcasse de

Vincendon et Henry attendent des secours après 7 jours passés dans la neige. Ils ont été photographiés par l'un des membres de l'équipe de secours.

l'hélicoptère ; on va vous y emmener aussi. »

Henry et Vincendon sont portés jusque dans l'habitacle de l'hélicoptère naufragé qui ne peut plus servir que d'abri, puis les sauveteurs décident d'emmener les deux pilotes jusqu'au refuge Vallot. Ils laissent donc Vincendon et Henry seuls. (...)

Le silence, à nouveau, s'installe, et la nuit tombe, la septième... peut-être la dernière... Car après l'évacuation des sauveteurs et des pilotes par un deuxième hélicoptère, le mauvais temps ne permettra pas d'organiser une nouvelle opération pour rechercher Vincendon et Henry. Deux mois plus tard, on retrouvera le corps de Vincendon à sa place. Quant à celui de son camarade, il faudra fouiller la carlingue pour le découvrir, sorti de son sac de couchage, à proximité de la porte de l'appareil dont il a sans doute essayé de sortir... le huitième jour ?... le neuvième ?... ou le dixième ?... le cœur d'un homme met parfois du temps à s'arrêter de battre...

Yves Ballu

La conquête scientifique

Pour les savants, physiciens, météorologues, glaciologues,... le sommet du mont Blanc est un observatoire idéal ; et depuis Saussure qui, le premier, y a mesuré la température d'ébullition de l'eau, de nombreuses expériences plus ou moins sérieuses ont été menées à bien dans des conditions parfois difficiles. Au début du siècle, deux observatoires ont été construits, l'un au sommet même du mont Blanc l'autre à quelques centaines de mètres en contrebas

Pourquoi des laboratoires en haute montagne ?

Pourquoi donc construire des laboratoires en haute montagne alors que les conditions au niveau de la mer sont tellement plus favorables ?
Le personnel est plus facile à recruter, son travail est moins dur ; l'énergie, l'électricité coulent à flot ; l'approvisionnement en matériaux, vivres, appareils de recherche s'organise beaucoup mieux. La raison est en général très simple : lorsqu'on veut étudier des phénomènes astronomiques, des objets célestes, on est gêné par l'atmosphère ; voici pourquoi et voici comment.

Il faut dire tout d'abord que l'atmosphère est complexe. Elle contient fondamentalement de l'oxygène (et de l'ozone, oxygène concentré), de l'azote, de l'hydrogène, de la vapeur d'eau, du gaz carbonique. C'est un excellent mélange qui nous permet de respirer et de vivre. Nous sommes privilégiés car sur Vénus, par exemple, c'est du gaz carbonique et de la vapeur de vitriol à haute température et sous pression : effroyable ! Déjà notre atmosphère naturelle trouble les observations : ainsi toutes les longueurs d'onde des rayonnements ne la traversent pas de la même façon. Le rouge du soleil couchant le montre bien pour la lumière visible, mais l'infrarouge, l'ultraviolet, les rayons X sont absorbés différemment par les diverses molécules de l'atmosphère. Certains rayons, qui frappent le haut, ne parviennent pas jusqu'à nous.

Et puis, en dehors de l'atmosphère normale, propre, peut-on dire, il y a une quantité considérable de poussières, de

Joseph Vallot.

Le laboratoire des rayons cosmiques à l'aiguille du Midi.

substances en fines particules, d'aérosols, brassés au gré des vents. Par exemple, il nous arrive, par vent chaud du sud, de voir nos fenêtres ou le pare-brise de notre voiture couverts d'une poudre rougeâtre : c'est la latérite des régions sahariennes, qui est ainsi transportée sur des milliers de kilomètres par les caprices de la météo. Tous les rejets du chauffage, des fumées d'usine, des combustions, des réactions chimiques (les échappements des voitures), sans compter les explosions nucléaires, et surtout les éruptions volcaniques dont l'activité projette des particules en quantité redoutable : tout cela se promène longtemps au gré des vents avant de se déposer sur la terre ou sur l'océan.

Imaginez une guerre nucléaire entre les États-Unis et l'URSS. Le champ de bataille, de destruction, serait dans l'hémisphère Nord. Ne croyez pas que le reste de la planète puisse vivre alors sans perturbations. Toutes les fumées, les poussières provenant des incendies et des explosions, sans oublier les produits de fission, tous ces aérosols envahiraient l'atmosphère qui ne laisserait plus passer les rayons du soleil, ce qui provoquerait un « hiver nucléaire ». Il ferait – 30 °C à Bombay ou au centre de l'Afrique, avec toutes les conséquences catastrophiques que l'on peut envisager sur l'écologie des pays tropicaux.

Voilà donc le pourquoi de la création de laboratoires de haute montagne. Si nous regardons à partir du sol, nous sommes – en général – comme des automobilistes qui essaieraient de regarder la route et le paysage à travers un pare-brise empoussiéré.

Aujourd'hui, toutes les grandes chaînes de montagnes sont équipées de centres de recherche. Les Pyrénées, avec le Pic du Midi de Bigorre, les Alpes, avec l'observatoire Vallot (le plus ancien), les Cosmiques, la Testa Grigia en Italie, le célèbre laboratoire international du Jungfrau Joch en Suisse. Les États-Unis, avec le Mount Evans, le Pikes Peak, Écho Lake, Climax, le Mount Palomar ; l'URSS au mont Ararat, l'Inde sur les flancs du

«Toit du monde». Déjà dans ces laboratoires, on peut faire du bon travail dans certains domaines, mais pas dans tous. La solution idéale est d'opérer à partir d'un centre situé en dehors de l'atmosphère. La Lune, mais aussi les satellites géostationnaires en particulier (les autres aussi) commencent à bien se prêter à ce genre d'observation. C'est à coup sûr l'avenir, favorisé par le progrès des commandes à grande distance – on donne des instructions à une fusée ayant dépassé Mars, Vénus ou même Uranus – et de la télédétection.

Revenons à nos montagnes. En 1913, un Autrichien, Hess, découvrit, grâce à une expérience en ballon, un rayonnement qui augmentait avec l'altitude. Qu'était-il? D'où provenait-il? Quelle était sa composition? De quels effets secondaires était-il capable? Autant de points d'interrogation... C'est dans les années vingt que furent mis au point des appareils capables de détecter une par une les particules électrisées rapides (compteurs de Geiger, amplification proportionnelle, chambres à détente de Wilson), que l'on put s'atteler efficacement à cette passionnante étude qui me séduisit dès 1932, avec Auger, Ehrenfest, Maze, Fréon,... puis, un peu plus tard, avec les physiciens de mon jeune laboratoire de l'École polytechnique.

Après 1942, P. Chanson, capitaine du génie, l'un de ceux qui avaient réussi à empêcher le franchissement de notre frontière alpine par les Italiens, me proposa de construire un laboratoire à l'Aiguille du Midi. La commune de Chamonix nous loua pour un franc symbolique un terrain situé près du col, à 3 550 mètres d'altitude, terrain constitué par une arête dont il fallut faire (pas facile) une plate-forme horizontale. Nous ne disposions que d'un petit téléphérique de service, sans câble porteur. La benne était un simple plateau métallique avec un rebord de vingt centimètres. Le changement de téléphérique à 2 400 mètres était toujours délicat, car, lorsqu'on posait le pied sur la rustique estacade inclinée et souvent gelée, la benne allégée bondissait brusquement vers le haut, entraînant le reste du corps.

Là-haut, dans des conditions réellement sportives, on réussit, avec un câble électrique, une source locale d'énergie, des compteurs d'électrons, un petit appareil de Wilson, à étudier les particules de rayonnement cosmique jusque vers 1955. Après quoi, notre activité s'orientant vers le CERN (particules de haute énergie comme les rayons cosmiques, mais en quantité considérable), nous confiions les Cosmiques aux glaciologues de Grenoble. On peut, en effet, étudier aussi les mouvements des glaciers à partir d'un laboratoire de montagne. Mais déjà longtemps auparavant, l'observatoire Vallot, à plus de 4 000 mètres d'altitude, avait servi à nombre de mesures. En particulier, on y avait apporté, pour être irradiés par les rayons cosmiques primaires, des blocs très spéciaux d'émulsion photographique épaisse et concentrée, qui, développés avec les plus grandes précautions, montreraient les traces de rayons cosmiques et de leur interaction.

Hélas! les Cosmiques sont partis en fumée il y a deux ans : un peu d'obscurcissement supplémentaire pour notre atmosphère, une raison de plus de monter plus haut!

Louis Leprince-Ringuet

L'observatoire Vallot au mont Blanc, altitude 4 350 mètres.

L'observatoire Vallot : une affaire de famille

« J'ai le caractère ainsi fait qu'une chose me semble toujours possible lorsqu'elle est utile », écrit Joseph Vallot, en 1887, au retour de sa seconde ascension au mont Blanc. (...)

La fondation de l'observatoire Vallot est le résultat de ce voyage, car Joseph Vallot (1854-1925), nature généreuse et énergique, est naturaliste, physicien, géologue, astronome... et cartographe. (...)

« Les matériaux de construction sont prêts à Chamonix au commencement de juin 1890, écrit Whymper, et on entreprend la tâche difficile de les transporter à une élévation de 4358 mètres. On les hisse, pour la majeure partie, à dos d'homme. Cent dix guides et porteurs acceptent de monter une charge au point désigné, mais quand tout est arrangé, le temps se gâte, rendant le départ impossible. Quand il s'améliore, les guides sont trop occupés à conduire les touristes. Pourtant à la fin de juillet, le bâtiment se dresse sur le rocher solide, à l'emplacement choisi. Tout d'abord il était très petit, d'environ 4,85 m sur 3,64 m et de 3,04 m de haut ; une partie sert d'observatoire, l'autre de refuge ; mais plus tard il sera agrandi. Le transport des matériaux et leur érection ont été bien plus onéreux que les matériaux eux-mêmes. Pendant la semaine de la construction, tout le monde a campé sur la neige, le thermomètre descendant, dans les tentes, de 15 à 16 degrés au-dessous de zéro. »

Ce premier observatoire créé en 1890 est agrandi en 1891 et en 1892 ; en même temps, Vallot fait édifier tout à côté, sur un rocher aigu, un refuge bien visible pour les alpinistes selon les conditions prévues par la commune de Chamonix et afin qu'ainsi les scientifiques séjournant à l'observatoire ne soient pas dérangés dans leurs travaux. Six ans plus tard, Vallot fait construire un nouvel observatoire, mieux placé que le précédent : c'est l'observatoire actuel, légèrement en contrebas du refuge. Plus confortable, il permet au savant de faire de nombreux séjours dont certains sont prolongés et aussi de recevoir des scientifiques de différents pays et de différentes disciplines.

Gaston Rebuffat
Chamonix Mont-Blanc 1900

La conquête technique

Depuis les premières expéditions au mont Blanc, la montagne a été aménagée pour en faciliter l'accès : aujourd'hui des refuges sont situés aux emplacements nécessaires, des téléphériques permettent d'atteindre en quelques dizaines de minutes le cœur même du massif, des trains transportent chaque année des milliers de touristes.

Seize ans de construction mais inutilisable : le TMB

En 1912, la voie ferrée s'arrête au Nid d'Aigle (2 372 m). Le tramway du mont Blanc n'ira pas plus loin. Mais tout espoir n'est pas encore perdu de transporter les touristes jusqu'au sommet du mont Blanc. Au moment où le chantier du TMB s'interrompt définitivement, un autre démarre au hameau des Pèlerins (à 2 kilomètres de Chamonix) ; il s'agit cette fois d'un téléphérique. Commencée en 1911, interrompue pendant la Première Guerre mondiale, la construction du premier tronçon s'achève en 1924 à mi-chemin de la base de l'aiguille du Midi. Trois ans plus tard, un deuxième tronçon s'élance jusqu'à la station des Glaciers (2 414 m). Enfin, en 1940, le dernier tronçon monte jusqu'au col du Midi (3 690 m).

Mais il ne s'agit encore que d'une benne de service et, déjà, il est trop tard : les travaux ont duré trop longtemps, l'investissement a dépassé toutes les prévisions, l'installation est obsolète avant même d'avoir été mise en service (pylônes trop rapprochés, vitesse trop lente) ; enfin elle n'offre pas toutes les garanties de sécurité. Tout est abandonné en l'état et un autre téléphérique est mis en chantier, mais cette fois en direction de l'aiguille du Midi : personne ne songe plus à construire une gare au sommet du mont Blanc... (...)

Yves Ballu
Le Mont-Blanc

La bataille du chemin de fer de Montenvert

Le site du Montenvert est de nos jours très facilement atteint par le chemin de fer. Proposé en 1892, il fut de suite l'objet d'une violente protestation des

Chamoniards qui envisageaient avec effroi sa construction. « Si nos gouvernants ont la faiblesse d'approuver ce projet..., c'en est fait de l'intérêt général de nos populations laborieuses..., il ne serait plus la peine de faire le guide..., c'est une vraie calamité... » La bataille dura plusieurs années, la décision fut prise malgré tout et les habitants de la vallée perdirent une occasion exceptionnelle de réaliser eux-mêmes une excellente affaire, car, contrairement à leurs prévisions, la société ne fit pas faillite. Il est vrai qu'elle attendit pour construire d'être assurée d'un nombre suffisant de voyageurs qui lui furent amenés par la ligne du Fayet à Chamonix.

Le chemin de fer de Montenvert fut inauguré en 1908. Il n'a pas changé depuis (...).

Paul Payot
Au royaume du Mont-Blanc

Le 14 août 1962, à 11 heures 31, les équipes françaises et italiennes se rencontrent au milieu du tunnel

Un court silence suit les grondements de la dernière explosion, puis, du côté français comme du côté italien, c'est un immense cri de triomphe et de délivrance qui salue la naissance du tunnel du mont Blanc.

Après l'échange des deux drapeaux, tout de suite les ouvriers français et italiens grimpent sur les éboulis. On trinque aussi, bien sûr. L'*asti spumante* et le champagne se mêlent fraternellement pour fêter le plus long tunnel routier du monde (11 600 m), qui va pratiquement raccourcir de 200 km la distance Paris-Rome, 200 km en montagne, c'est-à-dire une demi-journée de voyage. Pour aller de Chamonix au val d'Aoste, il fallait, par le chemin le plus court,

parcourir 150 km. Le tunnel met aujourd'hui la France à 20 km de l'Italie. Il rapproche l'Italie de la mer du Nord et de l'ouest de la France et, surtout du Benelux et de la Scandinavie en attendant de la mettre aux portes de l'Angleterre. On sent qu'aujourd'hui le tunnel fait battre l'Europe des cœurs et qu'il sera demain le symbole de l'Europe unie.

Sur le plan des échanges commerciaux et du tourisme, le tunnel, malgré ses pauvres 225 véhicules à l'heure, risque d'avoir des conséquences considérables...

Paris Match, août 1962

Le 19 juillet 1965, c'est l'inauguration officielle

Pour les cinq ingénieurs et les trois cent cinquante ouvriers français, et aussi pour leurs collègues italiens, le sentiment qui domine aujourd'hui, c'est la fierté. Mais aussi le souvenir. Vingt et un de leurs camarades (sept Français, quatorze Italiens) ont laissé leur vie dans cette entreprise qui a duré six ans. Malgré les méthodes les plus scientifiques, la rencontre de failles, de roches carbonifères pourries, celle, surtout du côté italien, d'un fleuve souterrain de 1 000 litres par seconde, furent autant de surprises et de dangers. Du côté français, « Jumbo », la perforatrice géante télécommandée, grignotait la roche que les mines faisaient ensuite sauter tandis que les Italiens attaquaient avec des perforatrices à main. Quand les équipes des deux pays se rencontrèrent à la moitié du tunnel, la réalisation des plans était si parfaite que l'écart d'axe entre les galeries française et italienne n'excédait pas 13 centimètres et demi.

Paris Match, juillet 1965

Les records au mont Blanc

Il s'est passé tellement de choses en deux cents ans au sommet et sur les pentes du mont Blanc, des événements étranges, drôles ou incroyables... Et le vieux roi des Alpes en a vu tant et tant, d'alpinistes vieux ou jeunes, pressés ou dilettantes, poètes ou acrobates, parfois prêts à toutes les excentricités pour inscrire leur nom sur le grand livre des records...

14 août 1855. Quatre Américains, Hudson, Kennedy, Ainslie et Smyth font la première ascension du mont Blanc sans guide. Hudson et Kennedy publieront un petit livre dont le sous-titre servira de devise pour l'Alpinisme Club : *« Where there is a will, there is a way »* (là où il y a une volonté, il y a un chemin).

17 - 23 août 1890. Le professeur Janssen fait l'ascension du mont Blanc en traîneau, tiré par douze guides de Chamonix. Quelques années auparavant, Rodolphe Toepffer avait écrit : « Si j'avais un bras manchot et deux jambes de bois, je ferais l'ascension du mont Blanc le jour où six guides de Chamonix me diraient qu'ils se chargent de m'y conduire. »

8 août 1897. Edouard Payot effectue le trajet Chamonix-Le Brévent en temps record : deux heures aller-retour.

29 juillet 1904. Joseph Simond escalade l'Aiguille de la République à l'arbalète. Une corde est fixée à une arbalète. Deux guides sont postés chacun d'un côté de l'aiguille. La corde lancée par-dessus l'aiguille est récupérée par l'autre guide qui s'en sert pour se hisser au sommet de l'aiguille.

7 août 1909. Douglas Fawcett effectue le trajet Chamonix-Le Montenvert en voiture, une *De Dion-Bouton* monocylindre.

30 juillet 1921. François Durafour réalise le premier atterrissage au mont Blanc, dans un avion *Caudron* modèle G3.

Douglas Fawcett.

François Durafour.

1932. Roger Frison-Roche et Alfred Couttet réalisent la première émission de radio en direct depuis le sommet du mont Blanc.

3 août 1933. Henri Brulle fait l'ascension du mont Blanc à l'âge de 79 ans. En 1936, à 82 ans, il repart, mais le mauvais temps l'oblige à abandonner à l'arête des Bosses.

18-25 août 1934. Guy Labour passe huit jours dans une crevasse du glacier des Nantillons : le bivouac le plus long ! Avec un matériel très rudimentaire et peu de nourriture, Guy Labour a été sauvé par miracle grâce à sa corde restée coincée sur une paroi de la crevasse et qui fut remarquée par deux guides à la recherche de... son cadavre.

Roger Frison-Roche et Alfred Couttet.

Jean-Louis Hocquinet, Gérard Persod et Daniel Cleyet-Marrel.

1947-1981. René Tournier fait 520 fois l'ascension du mont Blanc (comme guide). Record dans une même année : 36 fois.

5 septembre 1973 : Patrick Morand descend en moto depuis le sommet du mont Blanc.

23 octobre 1973. Rudi Kishazi descend le mont Blanc en deltaplane.

1974-1985. Patrick Gabarrou détient le record des premières au mont Blanc : 12 premières au mont Blanc, 50 premières dans le massif du Mont-Blanc.

28 août 1975. Cristel Bochatay fait l'ascension du mont Blanc à l'âge de huit ans.

31 juillet 1975. Luis Bailly-Bazin fait l'aller-retour Chamonix-sommet du mont Blanc en 8 heures 10 minutes et 20 secondes.

Patrick Morand.

8 avril 1979. Jean-Paul Fréchin descend depuis le sommet du mont Blanc en monoski.

25 octobre 1979. Jean-Louis Hocquinet, Gérard Persod et Daniel Cleyet-Marrel traversent la chaîne du Mont-Blanc en montgolfière. Départ de Chamonix : 9 heures du matin. Montée à 5 500 mètres. Descente par le Val Ferret.

17 janvier 1982. Michel Chirouze descend le mont Blanc en automobile (Peugeot 104). Départ du sommet à 13 heures 30. Arrivée : 150 mètres plus bas. La voiture a été déposée au sommet en hélicoptère.

Été 82 : Georges Bettembourg descend le mont Blanc en ski voile.

11 mars 1984. Jacques Bessat descend intégralement le mont Blanc à ski. Départ : sommet du mont Blanc à 12 heures. Arrivée : Le Fayet à 17 heures.

Mai 1984. Jean-Marc Carrier descend la Vallée blanche dans une poêle à paella. Douze heures de descente. Dans les passages trop plats, un chien est attelé à la poêle.

14 septembre 1984. Jaap Lampe et Eric Pootjes font la descente du mont Blanc à vélo. Montée à pied, vélo sur le dos. Certains tronçons de la descente également à pied.

27-28 juin 1985. Alain Barres fait l'ascension du mont Blanc en traîneau à chiens. Itinéraire : voie «historique» par les Rochers Rouges... avec 5 chiens.

17 mars 86 : Jean-Marc Boivin enchaîne en 20 heures quatre des plus dangereuses faces nord du massif du Mont-Blanc : la Verte, les Droites, les Courtes, les Grandes Jorasses. Pour réussir cette performance, Boivin a conjugué ses talents d'alpiniste et de spécialiste en deltaplane, puisque chaque face a ensuite été redescendue en delta.

Georges Bettembourg.

168 CHRONOLOGIE

LES GRANDES DATES DE L'HISTOIRE DU MONT BLANC

8 août 1786,	première ascension (entre les Rochers Rouges)	M.G. Paccard et J. Balmat
3 août 1787,	troisième ascension (au-dessus des Rochers Rouges)	H.B. de Saussure avec J. Balmat et 17 guides
25 juillet 1827,	par le corridor et le mur de la Côte	C. Fellows et W. Hawes
31 juillet 1855,	col du Midi, mont Blanc du Tacul et mont Maudit	J.H. Ramsay, J.M. Chabod, P.J. Mochet et J.M. Perrod
14 août 1855,	arête du Goûter, Grand Plateau et mur de la Côte	C. Ainslie, C. Hudson, E.S. Kennedy, C. et J. Smyth
18 juillet 1861,	arêtes du Goûter et des Bosses	L. Stephen, F.F. Tuckett, M. Anderegg, J.J. Bennen, P. Perren
15 juillet 1865,	éperon de la Brenva	G.S. Mathews, A.W. Moore, F. et H. Walker, J. et M. Anderegg
25 juillet 1868,	versant sud du dôme du Goûter	F.A. Brown, J. Grange, D. Chabod, J.F. Lalle
31 juillet 1877,	glaciers du Brouillard, du Freney et couloir Eccles	J. Eccles, M.C. et A. Payot
15 août 1880,	glacier du Freney et rochers Gruber	G. Gruber, E. Rey, P. Revel
4 juillet 1887,	arête de la Tour Ronde au mont Maudit	M. von Kuffner, A. Burgener, J. Furrer et 1 porteur
17 août 1889,	glacier de Bionnassay italien	F. Gonella, B. Graziadei, G. Luzzatti, A.E. Martelli, E. Scifoni, J. Gadin, J. Petigax, L. Truchet, L. Croux, L. Bertholier, J. Melica
17 août 1893,	versant de la Brenva de l'aiguille Blanche de Peuterey	P. Güssfeld, E. Rey, C. Klucker, C. Ollier
12-18 août 1898,	aiguille de Bionnassay	J.P. Farrar, D. Maquignaz
20 juuillet 1901,	contrefort nord-ouest du glacier du mont Blanc	G.B. et G.F. Gugliermina, J. Brocherel
9 août 1911,	arête du Brouillard par le col Émile Rey	K. Blödig, H.O. Jones, G.W. Young, J. Knubel
20 août 1919,	arête de l'Innominata	S.L. Courtauld, E.G. Oliver, A. et H. Rey, A. Aufdenblatten
31 juillet 1927,	arête de Peuterey (Dames-Anglaises et aiguille Blanche)	L. Obersteiner, K. Schreiner
2 septembre 1927,	la Sentinelle Rouge (versant de la Brenva)	T.G. Brown, F.S. Smythe
7 août 1928,	la Major (versant de la Brenva)	T.G. Brown, F.S. Smythe
28 juillet 1933,	arête du Brouillard par le versant est du col Émile Rey	V. Bressoud, R. Dittert, W. Marquart, F. Marullaz
5 août 1933,	la Poire (versant de la Brenva)	T. G. Brown, A. Graven, A. Aufdenblatten
31 juillet 1934,	intégrale de Peuterey (voie normale de la Noire)	A. Goettner, F. Krobath, L. Schmaderer
13 août 1940,	pilier nord du Freney	G. Gervasutti, P. Bollini della Predosa
10 août 1949,	face nord de l'aiguille Blanche de Peuterey	H. Buhl, M. Schliessler
26 juillet 1953,	intégrale de Peuterey (par l'arête sud de la Noire)	R. Hechtel, G, Kittelman

CHRONOLOGIE 169

3 août 1957,	face est du Pilier d'angle (voie Bonatti-Gobbi)	W. Bonatti, T. Gobbi
6 juillet 1959,	pilier Rouge du Brouillard	W. Bonatti, A. Ogioni
10 septembre 1959,	voie Major en solitaire	W. Bonatti
10 septembre 1959,	voie de la Poire en solitaire	C. Mauri
29 août 1961,	pilier Central du Freney	C. Bonington, J. Clough, J. Duglosz et D. Whillans
23 juin 1962,	face nord du Pilier d'angle	W. Bonatti, C. Zappelli
2 août 1963,	pilier dérobé du Freney	T. Frost, J. Harlin
6 février 1967,	pilier central du Freney (première hivernale)	R. Desmaison, R. Flematty
9 mars 1971,	pilier d'angle : voie Bonatti-Gobbi (première hivernale)	A. Mroz, A. Dworak, J. Kurczak, T. Pietrowsky
9 septembre 1971,	pilier central du Freney (première solitaire)	G. Nominé
17 septembre 1971,	pilier d'angle, face nord-est : voie Cecchinel-Nominé	W. Cecchinel, G. Nominé
12 août 1972,	intégrale de Peuterey (première solitaire)	R. Desmaison
26 décembre 1972,	intégrale de Peuterrey (première hivernale)	M. Feuillerade, Y. Seigneur, L. Audoubert, M. Galy, A. et O. Squinobal
3-4 août 1974,	aiguille Verte Voie Boivin-Vallencourt	J.M. Boivin, Vallencourt
Août 1981,	face Est des Grandes Jorasses	J.M. Boivin, F. Diaferia
13-14 mai 1982,	supercouloir du Brouillard	P. Gabarrou, P.A. Steiner
Juillet 1983,	face nord directissime Grand pilier d'angle	P. Gabarrou, A. Long
28-29 juillet 1983,	pilier rouge du Brouillard	P. Gabarrou, A. Long
17-18 février 1984,	arête intégrale de Peuterey (première solitaire hivernale)	C. Profit

Bibliographie

Yves Ballu, l'auteur du présent ouvrage a également publié aux éditions Arthaud *l'Épopée du ski* (1981), *les Alpinistes* (1984, Grand Prix de la littérature sportive) et *le Mont-Blanc* (1986).

Arve S. de, *Histoire du Mont-Blanc et de la vallée de Chamonix*, Delagrave, 1878.

Canac R., *Jacques Balmat dit Mont-Blanc*, PUG, 1986.

Daudet A., *Tartarin sur les Alpes*, 1885.

Devies L. et Henri P., *La chaîne du Mont-Blanc*, guides Vallot, tome 1, Arthaud, 1973.

Dumas A., *Les Alpes de la Grande Chartreuse à Chamonix*, Encre, 1980.

Engel C.E., *Le Mont-Blanc vu par les écrivains et les alpinistes*, Plon, 1965 ; *Le Mont-Blanc, routes classiques et voies nouvelles*, Attinger, 1946.

Engel C.E. et Vallot C., *Tableau littéraire du massif du Mont-Blanc*, Dardel, 1930.

Frison-Roche R., *Premier de cordée*, Gallimard, 1913 ; Frison-Roche R. et Tairraz P., *Mont-Blanc aux sept vallées*, Arthaud, 1948.

Grand-Carteret J., *La Montagne à travers les âges*, 2 vol., librairie dauphinoise, 1903.

Guichon F., *Photographies de 1845 à 1915*, Denoël, 1985. Guidetti F., *L'Homme et le Mont-Blanc*, Hachette, 1957.

Hugo V., *Alpes*, Entente, 1983.

Joutard P., *L'Invention du Mont-Blanc*, Gallimard, 1986.

Meylan J.-B., *Le Mont-Blanc vu du ciel*, Gardet, 1986.

Payot P., *Au royaume du mont Blanc*, Denoël, 1978.

Rebuffat G., *Mont-Blanc, jardin féérique*, Hachette, 1961 ; *Chamonix-Mont-Blanc, Grands Vents*, 1981 ; *Le massif du Mont-Blanc, les cent plus belles courses*, Denoël, 1973.

Spilmont J.-P., *Jacques Balmat dit Mont-Blanc*, Albin Michel, 1986.

Saussure H.-B., *Premières ascensions au mont Blanc*, La Découverte, 1981.

Toepffer R., *Voyage autour du mont Blanc*, Fayard, 1979.

Vivian R., *L'Épopée Vallot au mont Blanc*, Denoël, 1986.

Whymper E., *Guide à Chamonix et dans la chaîne du Mont-Blanc*, Julien, 1910.

Les Alpes à travers la gravure du XIXᵉ siècle, Berger-Levrault, 1982.

Le Mont-Blanc dans la gravure ancienne, Glénat, 1985.

Grande Encyclopédie de la montagne, 8 vol., Atlas.

Muséographie

Annecy, *Conservatoire d'art et d'histoire de la Haute-Savoie :* Créé en 1980, il comporte l'importante collection Payot de 20 000 volumes, 3 000 tableaux, dessins, estampes, et 700 autographes concernant l'alpinisme et le mont Blanc.

Chamonix, *Musée alpin de Chamonix :* L'ancien hôtel *Le Palace*, construit dans le style lourd et surchargé de l'époque en 1914, abrite des collections de documents, cartes, estampes, sur l'histoire de l'alpinisme, le ski, les ascensions scientifiques, etc. Intéressantes suites de gravures et lithographies, photos anciennes, cartes postales, affiches, etc.

Objets anciens de la vie quotidienne des XVIIᵉ et XVIIIᵉ siècles. Iconographie de la vallée par les artistes des XVIIIᵉ et XIXᵉ siècles. Cristaux du massif.

Musée alpin du Montenvers : Annexe du musée alpin de Chamonix, il occupe, dans l'ancien hôtel du Montenvers construit en 1840, deux salles contiguës et le «Temple de la Nature», premier refuge de montagne, créé en 1795, restauré en 1923. Sa collection de gravures, photos, objets anciens, cristaux, etc., illustre la «promenade du Montenvers», célèbre depuis le XVIIIᵉ siècle. Iconographie de la «Mer de glace».

TABLE DES ILLUSTRATIONS

COUVERTURE

Premier plat En quittant les Grands Mulets in l'*Ascension du mont Blanc*, Baxter, 1853.
Dos Voyage de M. de Saussure à la cime du mont Blanc au mois d'août 1786, première planche, gravure de Wocher Marquait, 1790.
4 Chasseur de chamois, lithographie.

OUVERTURE

Photos de l'ascension en solo réalisée par Christophe Profit dans la face ouest des Drus, 1952.
Page de titre Jacques Balmat dit « mont Blanc », lithographie.

CHAPITRE I

12 Le mont Blanc vu du col d'Anterne par Elijah Walton, 1867.
13 Chasseur de chamois, lithographie.
14 Richard Pococke en costume oriental, peinture.
15 Vue de la vallée de « Chamouni », gravure.
16 William Windham, gravure.
17 Glaciers, gravure de Marc Théodore Bourrit.
18/19 Vue de la chaîne du Mont-Blanc depuis la Flégère, lithographie.
18b Saussure, gravure de St-Ours.
19b Retour d'une ascension au mont Blanc, gravure de Muller.
20 Plantes alpines, le saxifrage, lithographie de Verlot.
21 Carte du duché de Savoie, gravure du XVIIe.

22 Vue de la vallée de Glace de Chamonix depuis le sommet du Montenvers, gravure.
23 Marc Théodore Bourrit, gravure de St-Ours.
24 Jacques Balmat dit Mont-Blanc, lithographie.
25 Source de l'Aveiron, lithographie de Louis Bélanger.
26 La caravane des guides Couttet et Balmat arrivant aux Grands Mulets, lithographie de D. Volk.
27h Michel Gabriel Paccard, portrait attribué à Marc Théodore Bourrit.
27b Jacques Balmat, gravure.
28h Le sommet du mont Blanc vu du rocher Rouge, gravure.
28/29 Paccard et Balmat in *Impression de Voyage en Suisse*, Alexandre Dumas, 1853.
30b Deuxième version du Voyage de Saussure à la cime du mont Blanc au mois d'août 1786, gravure de Wocher Marquait, 1790.
30h Voyage de Saussure à la cime du mont Blanc au mois d'août 1786, gravure de Wocher Marquait, 1790.
31 Baromètre de Saussure.
32/33 Voyage de Saussure à la cime du mont Blanc au mois d'août 1786, première planche, deuxième version, gravure de Wocher Marquait, 1790.

CHAPITRE II

34 Recherche du passage à la crevasse du Dôme, in *Dix Scènes de la dernière ascension du mont Blanc*, J.D.H. Browne, 1853.
35 Recherche du passage à la crevasse du Dôme, in *Dix Scènes de la dernière ascension du mont Blanc*, J.D.H. Browne, 1853.
36h Michael Croz.
36b Edouard Whymper.
37 Le sommet de l'aiguille Verte, lithographie de Whymper.
38/47 *Dix Scènes de la dernière ascension du mont Blanc*, J.D.H. Browne, 1853.
48 Technique de glace en 1860, *Alpine Journal*, gravure.
49 Bureau des guides de Cham, gravure de Whymper, 1896.
50g Aiguille du Dru, lithographie de Backwell, 1823.
50d Jean Charlet.
51 Clinton Thomas Dent.
52d Alfred Mummery.
52g Le sommet du Grépon vu du Grand Gendarme.
53 Fissure Mummery.
54 Alexandre Burgener.
55h Piolet de Mummery, gravure.
55b Crampons, gravure.
56/63 *l'Ascension du mont Blanc*, Baxter, 1853.

CHAPITRE III

64 Une ascension dans les Alpes en 1900, lithographie.
65 Mode parisienne, lithographie.
66 Henriette d'Angeville en tenue d'alpiniste, gravure.
67 Ascension du mont Blanc par Mlle d'Angeville, lithographie de Baumann, 1863.
69 Rochers et cabanes des Grands Mulets, au-dessus du glacier des Bossons, lithographie de Baumann.
70 Marie Paradis, gravure.
71b Henriette d'Angeville d'après une photographie.
71h Sommet du Buet, lithographie de Eugène Ciceri, 1861.
73 Napoléon III et l'impératrice Eugénie à la mer de Glace le 2 septembre 1860, gravure.
73 Excursion à la mer de Glace, in *Album de voyage de Leurs Majestés*, 1860.
74/75 La mer de Glace, lithographie, 1860.
76 Christian Almer, William Coolidge, Meta Brevoort et Ulrich Almer en 1874.
77 Mode londonienne, lithographie.
78 Jean Charlet, troisième à partir de la gauche.
79 Mme Charlet, née Isabella Straton.

CHAPITRE IV

80 Crevasses sur la mer de Glace, lithographie de Elijah Walton, 1867.
81 Bloc de granit en équilibre sur une base de glace ; frontispice de *Travels through the Alpe of Savoy*, Forbes, 1843.
82/83 Panorama du mont Blanc, lithographie.
84 Piolets in *Mountaineering*, Dent, 1892.
85 Ascension de la Brenva en 1865, *Alpine Journal*.
86b Chamonix en 1900 : caravane en

TABLE DES ILLUSTRATIONS

route pour la mer de Glace.
86m Chamonix en 1900 : la place de l'église et le Brévent.
86h Chamonix en 1900 : la rue Nationale.
87 La mer de Glace, carte postale, 1900.
88/89 Caravane dans la vallée de Chamonix, carte postale, 1900.
90/91 Au sommet du Brévent : la table d'orientation, carte postale, 1900.
92/93 Touristes en 1900.
94 Voie de la Sentinelle rouge.
95 Graham Browne et Franck Smythe.
96h Arnaud Charlet à la descente du versant nord du col du mont Dolent.
96b Rudolf Peters, Martin Meier, Loulou Boulaz et Raymond Lambert en 1935 après leur ascension des Grandes Jorasses.
97 Eperon Croz.
98 Loulou Boulaz et Raymond Lambert.
99 Giusto Gervasutti.
100h Pierre Allain et Raymond Leininger.
100b Pierre Allain s'entraînant à Fontainebleau.
101 Fontainebleau en 1925.
102 Fissure Lambert (face nord du Petit Dru).
103 Eperon Walker.
104 Riccardo Cassin.
105 Cassin et son équipe à la descente de la face nord des Grandes Jorasses.

CHAPITRE V

106 Patrick Gabarrou dans les séracs du mont Blanc.
107 Christophe Profit.
108/109 Guido Magnone.
110 Walter Bonatti descendant du pilier sud-est des Drus.
111 Pilier Bonatti.
112 Walter Bonatti.
113 Idem.
114 Le drame du Freney.
116 L'alpe homicide, *Supplément illustré du Petit Journal*, 1913.
117 Les drames de la montagne.
118 Les dangers de l'alpinisme, in *Supplément illustré du Petit Journal*.
119 Sauvetage d'un accidenté par un chien du mont Saint-Bernard, idem.
120 Éboulement dans les Alpes, in *le Petit Journal*, 1906.
121 Descente d'un guide foudroyé à Chamonix, in *Supplément illustré du Petit Journal*, 1913.
122 Patrick Gabarrou.
123 Patrick Gabarrou dans la voie Abominette.
124 Christophe Profit.
125 Boivin en parapente, février 1986.
127 Boivin au sommet de l'aiguille Verte, 1986. Pascal Sombardier.

TÉMOIGNAGES ET DOCUMENTS

129 Alpiniste, gravure humoristique du XIXe.
130 Colporteur du Valois, lithographie.
131 Chasseurs de chamois, in *Scènes de la vie des Alpes*.
132 Colporteur, gravure.
133 Bûcherons, in *les Alpes pittoresques*, gravure.
134 Mandrin, capitaine des contrebandiers,

gravure. Bibl. nat., Paris.
136 Guide de Chamonix : J.E. Charlet-Straton.
137 Guides au début du siècle.
138 Le métier de guide, gravure humoristique, XIXe.
139 Lionel Terray en escalade.
140 Portrait de Chateaubriand, gravure.
142 Gravure humoristique extraite d'un ouvrage de Mark Twain.
144 Vue de la mer de Glace depuis la Flégère, gravure.
145 Galerie de la tête Noire, route de Montigny à Chamonix, lithographie de Guérard, 1849. Bibl. nat., Paris.
146 Chemin des échelles, lithographie de Régnier. Bibl. nat., Paris.
147 Victor Hugo, lithographie de Léon Noël.
148 Costume de ski féminin, début du siècle, gravure.
149b Concours international de ski à Chamonix, 1908 : l'équipe norvégienne.
149h Les concours de ski à Chamonix, in *le Petit Parisien*, gravure.
150 Costume de ski féminin, début du siècle, gravure.
151 Affiche publicitaire du P.L.M. pour Chamonix.
153 Affiche pour les Jeux olympiques d'hiver en 1924.
154 L'alpiniste et la mort, gravure anonyme.
156 L'hélicoptère *Éléphant joyeux*.
157 Vincendon et Henry.
158 Joseph Vallot en 1890.
159 Laboratoire des rayons cosmiques à l'aiguille du Midi.
161 L'observatoire Vallot, carte postale, 1900.
162 Le tramway du mont Blanc.
164 Fawcett sur sa monocylindre de Dion-Bouton en 1909.
165b L'aviateur Durafour au sommet du mont Blanc en 1932.
165b Frison-Roche et Alfred Couttet au sommet du mont Blanc en 1932.
166h Traversée du mont Blanc en montgolfière.
166b Morand descend le mont Blanc en moto, 1982.
167h Jean-Marie Boivin lors de son enchaînement en février 1986.
167b Bettembourg descend le mont Blanc en ski-voile, 1982.

Abréviations : h : haut ; b : bas ; m : milieu ; g : gauche ; d : droite.

INDEX 173

A

Aiguille de Bionnassay 63.
Aiguille de Blaitière 123.
Aiguille de La République 16.
Aiguille des Charmor 55.
Aiguille des Drus *voir* Drus.
Aiguille du Goûter 24, 39.
Aiguille du Midi 16, 41, 124.
Aiguille du Moine 77.
Aiguille Verte 16, 19, 36, 37, 48, 76, 95, 96.
Allain, Pierre 98, 98, 99, 102, 103.
Almer, Christian (fils) 76, 77.
Almer, Christian (père) 36, 37, 37, 48, 76, 77.
Alpinisme (Manuel d') 45, 47.
Alpine Club (l') 36, 41, 43, 55.
Anderegg, Jakob 84.
Angeville, Henriette d' 65, 66, 68, 70, 71, 79.
Annuaire du Club alpin français 55.
Arête 31, 47, 48, 49, 51, 52, 81, 83, 84, 94, 98, 105, 124.
Arête du Moine 49.
Arlwright (capitaine) 119.
Aufdenblatten, Alexander 95.
Avalanche 37, 57, 94.
Aveyron 16, 25.
Avre 15.

B

Baignoires 43.
Balmat, Auguste 63.
Balmat, Jacques 24, 24, 25, 26, 27, 28, 29, 30.
Balmat, Jean 121.
Balmat, Michel 78.
Balmat, Pierre 119.
Baxter 57.
Bean, Jos 121.
Biener 37.
Bisson, Charles 63.
Bisson, les frères 72.

Blaitière, *voir* aiguille de.
Bleausards 99, 100, 101, 102.
Boivin, Jean-Marc 124, 126.
Bonatti, pilier de, *voir* pilier.
Bonatti, Walter 108, 112, 113, 114, 115.
Bonatti, pilier 111, 113, 123.
Bossons, glacier des 57, 72, 93, 119.
Boulaz, Loulou 94, 96, 97, 98.
Bourg du Prieuré 87.
Bourrit, Marc-Théodore 22, 23, 30.
Bramani, Vitale 104.
Brehm 96.
Breton, Joseph 121.
Brenva, éperon de la 77, 83, 84, 84, 121, 123.
Brévent 18, 20, 91.
Brevoort, Meta 76, 76, 77, 79.
Broches 84.
Brown 39.
Browne, Graham 84, 94, 95.
Burgener, Alexandre 49, 51, 53, 54.

C

Cachat, Auguste 121.
Cachat, Zacharie 49.
Calottes glaciaires 57, 76.
Carrier, Pierre 119.
Cassin, Ricardo 103, 104, 105, 105.
Cataractes 97.
Cervin 36, 63, 94, 96, 113.
Chabod, Renato 96, 97, 98.
Chamoniards 89, 99, 100, 101.
Chamonix, vallée de 14, 16, 20, 63, 91.
Chamonix, village de 15, 21, 23, 24, 115.
Chandelle 115.
Chardonnet, éperon nord du 122.
Charlet, Armand 96, 97.
Charlet, Jean 49, 50, 51, 77, 78, 79, 108.

Charpoua, glacier de la 109.
Charpoua, refuge de la 108.
Chasseurs de chamois **130-133.**
Chateaubriand **140-141.**
Cheminées 83, 98, 102.
Cirque 57.
Col du Midi 39.
Compagnie des guides de Chamonix 49, 53.
Conquête scientifique **158-161.**
Conquête technique **162-163.**
Contrebandiers **133-135.**
Coolidge, William 76, 76, 77.
Cordée 51, 54, 59, 84, 95, 97, 98, 100, 110, 125.
Corniche 98.
Corridor 69, 119.
Côte, montagne de la 28.
Côte, mur de la 39, 61, 69, 77, 121.
Couloir 83, 124.
Couttet, Antoine 119.
Couttet, Auguste 121.
Couttet, Jean-Marie 70.
Couttet, Sylvain 78.
Crampons 85, 84, 93, 104, 124.
Crevasse 20, 43, 59, 73, 75, 77, 79, 119.
Cristallier 24.
Cristaux 97.
Croz, éperon 96, 97, 98, 99, 103.
Croz, Michel 36, 48.

D

Dent, Clinton Thomas 49, 51, 51, 54, 108.
Desailloux, J. 54.
Dickens, Charles **146.**
Drames **154-157.**
Droites, les 124.
Drus, les 16, 17, 19, 49, 50, 51, 76, 98, 100, 102, 108, 110, 111, 125.
Dübi, docteur 29.
Dumas, Alexandre 28, 29, **143.**
Dunod, François 55.

Dunod, Henri 53, 54, 55.

E

Éboulement 94.
Eiger, l' 95.
Enchaînement 126.
Esposito, Ginetto 103, 104.
Étriers 108, 109, 113.
Eugénie, l'impératrice 72, 73.

F

Favret, François 61.
Flégère, la 16, 18, 37.
Folliguet 49.
Fontainebleau, forêt de 99.
Fontainebleau, rochers de 99, 100, 103, 122.
Freney, pilier du 114, 114, 115.

G

Gabarrou-Albinoni, goulotte 123.
Gabarrou, Patrick 107, 122, 122, 123, 124.
Gallieni, Roberto 114.
Gamba, refuge de 114.
Gautier, Théophile **144.**
Gay, Olivier 119.
Gédéon 102.
Gervasutti, Giusto 96, 97, 98, 99, 99, 104.
Glacières 14, 18, 23.
Goulotte 123, 124.
Graff, Jean 121.
Grands Charmoz, les 96.
Grand Plateau 28, 43, 45, 77, 78, 79, 119.
Grandes Jorasses, les 16, 37, 48, 93, 94, 95, 96, 97, 98, 99, 100, 103, 104, 105.
Grands Mulets, rochers des 39, 59, 61, 68, 70, 77, 78, 79.
Graven, Alexander 95.
Grépon 49, 51, 52, 52, 53.
Guide **136-139.**
Guillaume, Robert 114, 115.

H

Haller, Albert de 20.
Haringer, Rudolf 97, 98.
Hartley 49.
Heckmair 95.
Henry, François *121.*
Hugo, Victor **147.**
hygromètre à cheveu 31.

J

Jeux Olympiques (premiers) **152-153.**
Jonction, la *57.*

K

Kohlman, Pierre 115.
Kröner 95.

L

Lambert, fissure 102, *103.*
Lambert, Raymond 96, *96,* 97, 98, 99, 100, 101, 102, *103.*
Leininger, Jean 103.
Leininger, Raymond 100, *100,* 102, *103.*
Leschaud, refuge 96, *104.*
Lloyd, Emmeline 78.
Loppé, Gabriel 78.

M

MacGregor *57.*
Magnone, Guido 108, *108,* 125.
Major, voie 95.
Mal des montagnes *45.*
Mark, Mme *119.*

Mathews, G. S. 84.
Maurer 49.
Mazeaud, Pierre 114, *114.*
Meier, Martin *96,* 97, 99, 103.
Meije, la *39.*
Mer de Glace 16, 17, *19,* 23, 36, 72, *73, 75, 87, 89, 93,* 101.
Michelet, Jules **145.**
Mont Lachat 19.
Montagne Maudite 13, 14, 17, 18, 19, 20, 30.
Montenvers 16, 17, 18, *22,* 23, 37, 72, 76, 84, *89,* 101, 110.
Moore, Adolphus 84.
Mummery, Alfred Frederick 51, 52, *52,* 53, 54, 55.

N

Napoléon III 72, *73.*

O

Oggioni, Andrea 115.
Orientation, table d' *91.*
Ottman, Pascal *121.*

P

Paccard, Michel-Gabriel 27, *27,* 28, 29.
Paradis, Marie 65, 70, *70.*
Parion 19.
Payot 49.
Peters, Rudolf 96, 97, 98, 99, 103.
Plaques Rouges, les 110.
Pococke, Richard 14,

16, 18, 20, 72.
Poire, la 95.
Prises *109.*
Profit, Christophe *107, 124,* 124, 125, 126.
Piolet *43, 47,* 48, 51, 53, 54, 55, 84, 95, 108, 124.

R

Randall, John *121.*
rappel 51.
Rebuffat, Gaston 122.
Records **164-167.**
Retourneurs *89.*
Rittler 96.
Rochers Rouges, les 28, *43, 63, 79, 119.*
Ryan-Lochmatter, couloir de 100.

S

Sallanches 68.
Saint-Gervais 24.
Saussure, Horace Bénédict de *18,* 19, 20, 22, 23, *26, 29,* 30, 31, *32, 55, 91, 93.*
Savoie 72, *73.*
Schmid, Toni 96.
Sentinelle rouge, la 84, 94.
Simond, François 54, 55.
Simond, Michel *119.*
Simond, Gaspard 54, 78, 79.
Smyth, Albert *57, 61.*
Smythe, Franck 84, 94, 95.
Sports d'hiver **148-153.**
Stratton, Isabella 77, 78, *78,* 79, 79.
Stuard Kennedy,

Thomas 49.

T

Taconnaz 57.
Tacul, mont Blanc du *99,* 123.
Talèfre, glacier de 48.
Tiarraz, Auguste 54.
Tizzoni, Ugo 103, 104.
Tonnella, Guido *103, 105.*
Treuiller *115, 117.*

V

Vallée Blanche 16, 123.
Vallot, Joseph *55.*
Venetz, Benedikt 51, 53.
Viollet-le-Duc **142.**
Vieille, Antoine 115.
Vire 112, 126.
Voie Abominette 124.
Voie Allain-Leininger 108.
voie Brown 122.
Voie Contamine-Bastien 108.

W

Walker, éperon 103, *103,* 105.
Walker (père et fils) 84.
Welzenbach 95.
Whymper, Edward 35, 36, 37, 48.
Whymper, couloir de 48.
Windham, William 14, 16, 18, 20, 72.

CRÉDITS PHOTOGRAPHIQUES

Bibl. nat., Paris 134, 145, 146. Coll. et clichés Yves Ballu 12, 13, 14, 15, 16, 17, 18-19, 18b, 19b, 20, 21, 22, 23, 24, 25, 26, 27h, 27b, 28-29, 28h, 30h, 30b, 31, 32-33, 34, 35, 36h, 36b, 37, 38-39, 40-41, 42-43, 44-45, 46-47, 47, 48, 49, 50g, 50d, 51, 52g, 52d, 53, 54, 55h, 55b, 56-57, 58-59, 60-61, 62-63, 64, 65, 66, 67, 69, 70, 71h, 71b, 73, 73, 74-75, 76, 77, 78, 79, 80, 81, 82-83, 84, 85, 86h, 86m, 86b, 87, 88-89, 90-91, 92-93, 94, 95, 96h, 96b, 96b, 97, 98, 99, 100, 100b, 101, 102, 103, 104, 105, 106, 115, 116, 117, 119, 120, 121, 129, 130, 131, 136, 137, 138, 139, 142, 144, 148, 149h, 149b, 150, 151, 153, 164, 165h, 165b. Droits réservés 132, 133, 140. Explorer Archives, Paris 154, Patrick Gabarrou, Chamonix 122, 123. Gamma/Bresson, Paris 166h. Louis Leprince-Ringuet 159. Patrick Morand, Chamonix 166b. Musée alpin, Chamonix 158, 161. *Paris Match,* Paris 108-109, 110, 111, 112, 113, 114. *Paris Match*/Vital, Paris 156, 157, Philippe Mercié, Grenoble 2h, 2-3, 4-5, 6-7, 8-9, 107, 124. Roger-Viollet, Paris 134, 147. Pascal Sombardier 127, Sygma, Paris 125, 167h. Vandystadt/Chappaz, Paris 167b. *La Vie du Rail,* archives, Paris 162.

REMERCIEMENTS

Nous remercions les personnes et les organismes suivants pour l'aide qu'ils nous ont apportée dans la réalisation de cet ouvrage :
Louis Leprince-Ringuet, physicien, membre de l'Académie des Sciences. Les éditions Arthaud, Denoël, La Découverte, Grands-Vents. La revue *Paris-Match*. Christophe Profit et Sylviane Tavernier, alpinistes.

GUIDES DU MONT-BLANC

Table des matières

I LE MONT BLANC EN RÉDINGOTE

14 Les «Glacières de Savoye»
16 Un paysage éblouissant
18 La première expédition
20 Un spectacle bouleversant
22 L'illuminé des hauteurs
24 Balmat le cristallier
26 Une nuit sur un glacier
28 Le grand jour
30 Le baptème du mont Blanc
32 Le mont Blanc apprivoisé

II L'ÂGE D'OR DU MONT BLANC

36 Deux premières à la une
38 *Le bivouac sur les Grands Mulets, 1853.*
40 *Première vue sur le versant italien du mont Blanc*
42 *Premier usage du piolet. Le Grand Plateau et les Rochers Rouges*
44 *Petit déjeuner sur le Grand Plateau : le guide montre le sommet du mont-Blanc*
46 *Au loin, sur la route, le lac de Genève et les montagnes du Jura*
48 D'une aiguille à l'autre
50 Le dru de dent
52 Le «roi du Rocher»
54 Le nouvel alpinisme
56 Le glacier du Taconnaz
58 Départ des Grands mulets
60 Le mur de la Côte
62 Le sommet du mont Blanc

III LES DAMES DU MONT BLANC

66 Mademoiselle Henriette est têtue
68 Le blanc "fiancé" d'Henriette
70 Marie a vu la cime
72 L'impératrice en mer de glace
74 Les draperies du glacier ou beau comme la mer
76 Paysage à l'américaine
78 Au nez et à la barbe des hommes !

IV LES GRANDES VOIES DU MONT BLANC

82 De nouveaux défis
84 La recherche du danger
86 *Touristes en chaise cannée*
88 *Transports en commun*
90 *Le Brévent en plein vent*
92 *Cotillons simples et souliers plats*
94 A l'impossible, nul n'est...
96 La course vers l'éperon Croz
98 Suspens aux Grandes Jorasses
100 Le Vieux et ses Bleusards
102 Deux éperons gigantesques
104 Succès à la une

V LES AVENTURIERS DU XXᵉ SIÈCLE

108 Guido, Walter et les autres
110 L'impossible défi
112 Le sixième jour
114 Les "derniers problèmes"
116 *Les drames au mont Blanc*
118 *Drames : chronologie*
122 Les voies secrètes du mont Blanc
124 Les nouveaux alpinistes
126 L'impossible et le possible

TÉMOIGNAGES ET DOCUMENTS

130 Les métiers d'hier
136 Le métier de guide
140 Anthologie
148 L'invention des sports d'hiver
154 Les drames du mont Blanc
158 La conquête scientifique
162 La conquête technique
164 Les records au mont Blanc
168 Chronologie
170 Bibliographie, muséographie